哎呀，我去！（下）

[美] 迈克尔 · I. 贝内特（Michael I. Bennett, MD）
萨拉 · 贝内特（Sarah Bennett）◎ 著

吴凯强 ◎ 译

SPM
南方出版传媒
广东人民出版社
· 广州 ·

图书在版编目（CIP）数据

哎呀，我去！. 下 /（美）迈克尔 · I. 贝内特 (Michael I.Bennett)，（美）萨拉 · 贝内特 (Sarah Bennett) 著；吴凯强译. —广州：广东人民出版社，2017.2

ISBN 978-7-218-11587-0

Ⅰ. ①哎… Ⅱ. ①迈… ②萨… ③吴… Ⅲ. ①心理调节－通俗读物 Ⅳ. ① R395.6-49

中国版本图书馆 CIP 数据核字（2016）第 325262 号

AI YA WO QU

哎呀，我去！（下）

[美] 迈克尔 · I. 贝内特　萨拉 · 贝内特　著　　吴凯强　译　　　　

出 版 人：肖风华

策　　划：中资海派
执行策划：黄　河　桂　林
责任编辑：曾白云　郑　婷
特约编辑：周丹丹　贺　喆
版式设计：刘　榴
封面设计：胡椒設計

出版发行：广东人民出版社
地　　址：广州市大沙头四马路 10 号（邮政编码：510102）
电　　话：(020) 83798714（总编室）
传　　真：(020) 83780199
网　　址：http：//www.gdpph.com
印　　刷：深圳市福圣印刷有限公司
开　　本：787mm × 1092mm　1/32
印　　张：8.5　　字　　数：134 千
版　　次：2017 年 2 月第 1 版　2017 年 2 月第 1 次印刷
定　　价：35.00 元

如发现印装质量问题，影响阅读，请与出版社（020-83795749）联系调换。
售书热线：(020) 83795240

权威推荐

《时尚芭莎》（*Harper's Bazaar*）

这本书简直是对心理自助类图书竖起了中指……让人耳目一新。

《纽约邮报》（*New York Post*）

这本书是对心理自助类书籍发起的冰桶挑战……充满中肯的建议。

《纽约时报书评》（*The New York Times Book Review*）

贝内特父女没时间在感伤的励志口号上下工夫……他们力劝读者放弃追求完美，在现实中尝试多加提升……他们的目的并不是在你读完这本书后说让你说出“我本来很完美”，而是说“此刻，我就是最好的自己。”

《大西洋月刊》(*The Atlantic*)

对“生活中不可能的问题”这一观点，本书提供了一个严肃而又玩世不恭的看法。

Refinery 29 (全球时尚潮流网站)

《哎呀，我去!》是一本终极的反心理自助类书籍。

《库科斯书评》(*Kirkus Reviews*)

这本书极具教育性，读起来又令人愉悦，会使你精神抖擞。

爱德华·哈罗威(Edward Hallowell)，医学博士，《分心不是我的错》(*Driven to Distraction*)作者

对于如何应对生活中各种各样的痛楚，《哎呀，我去!》一书中提供的建议不仅值得信赖而且极

具可行性。本书内容有趣，极具魅力，充满智慧又温暖人心。书中富含精彩的事例和令人难以忘怀的妙语，会帮助任何读者获得真正的智慧，祛除迂腐的思想。”

ELLE（世界时装之苑）

这本书太有魅力了……书中的建议简直令人信服。

珍·柯克曼（Jen Kirkman），喜剧演员，《纽约时报》畅销书《我几乎不能照顾我自己》（*I Can Barely Take Care of Myself*）作者

我不相信任何所谓的心理自助书籍，这也是我喜欢《哎呀，我去！》的原因。如果糟糕的情绪让你吃不消，那本书会帮你解决这一困扰。书中呈现出我们自身的螺旋型思考方式，及如何接受我们自己的情绪并不用总是在意糟糕情绪的例子，非常有趣！因为生活——即使很糟糕，也可以过得很有趣。

盖尔·鄂里克·罗宾逊(Gail Erlick Robinson)，心理咨询专业医学博士，多伦多大学精神病学教授

尽管这本书的书名咄咄逼人，但迈克尔·贝内特博士确实很信任情绪的力量。他仅仅认为，一个人应多花些时间审视自己的内心寻求答案，或者摆脱愧疚和愤怒。不过，人们应该认识到并接受自己的缺陷，乐于改变自己的行为和态度。这本书的建议对任何人都有用，包括那些心理医生，他们可以用这个技巧帮助病人，避免让其陷入无休止的治疗中。我也用这个技巧来治疗我的一些病人。这本书是一本卓越的结合，既能学到宝贵的知识，也是一次有趣的阅读旅程。

卡罗尔·C. 纳德尔森（Carol C. Nadelson），医学博士，哈佛医学院精神病学教授，美国精神病学会前会长

这本书充满智慧，语言诙谐幽默，极为实用，

并且向我们所有人讲述了大量精彩的案例。读这本书，一定会带来很多乐趣。

目录

01

001 爱情这件小事

爱情绝不只有甜蜜，至少是甜苦参半的。爱情会让你很甜蜜，前提是你要处于恋爱中；爱情也会让你感到痛苦，当你找不到恋爱对象，或是无法得到自己想要的爱情时，这种痛苦会更加明显。其实，无论你对爱情的期待是什么，都不要忘了自己想要从爱情中得到什么。

许多人相信沟通是促进感情、澄清误会、结束纷争的关键，是解决一切问题的重要步骤。实际上，很多问题的产生并不是源于沟通失败，也不是沟通就能解决的。当你为了解决某一问题而积极沟通却不见成效时，不如闭上嘴巴。有时，“我想静静”好过滔滔不绝地讲话。

为人父母者，有时觉得生孩子是此生最幸福的决定，有时又感觉这是此生最大的错误。当你的孩子“翅膀硬了”，敢和你针锋相对时，你可能觉得这个“最大的错误”更加明显了。遗憾的是，作为父母，你永远无法修正这个错误，只能将错误带来的伤害减到最小。

很多人都会在生活中遇到让自己感到无可奈何的“混蛋”，不过他们也有些“特殊”——似乎患有某种精神疾病。这些混蛋可能是你的朋友、爱人、父母，你想用爱、理性去拯救他们，却差点把自己“带到沟里去”。面对混蛋，你到底该怎么办呢？

当你发现自己抑郁、焦躁或愤怒到无法控制时，会想要去寻求专业人士的帮助吗？如果是，恭喜你，你已经走出情绪管理的第一步。无论是选择心理治疗还是药物治疗，为了让自己放心，你都有权利选择接受何种治疗，或在治疗过程中改变治疗方案。

01 爱情这件小事

爱情绝不只有甜蜜，至少是甜苦参半的。爱情会让你很甜蜜，前提是你要处于恋爱中；爱情也会让你感到痛苦，当你找不到恋爱对象，或是无法得到自己想要的爱情时，这种痛苦会更加明显。其实，无论你对爱情的期待是什么，都不要忘了自己想要从爱情中得到什么。

F*ck Feelings

爱情真正的反义词不是仇恨，
而是冷漠。

爱情总被人们理想化。很多人都认为爱与恨互相对立，只要有爱情，任何事情都能解决。因此，人们将找到一份完美的爱情当做毕生的奋斗目标。

实际上，爱恨之间区别不大。它们都能唤起某种强烈的感情，而这些感情可能会引发诸多烦恼，远比它们能解决的问题还多。

爱情可能会让你非常幸福，但前提是你要处于爱恋当中，或者你的爱得到了回应，抑或是你足够幸运能同时享受爱和性的欢愉。一旦爱情经历坎坷，你会面临新的烦恼，比如无尽的欲望、不幸和愤怒。

爱情也可能会让你变得非常不幸，你会因此变成胆小鬼或者笨蛋。除此之外，爱情还会让你忘记自己的价值观，忽视自身的缺点（比如性格缺陷、坏习惯以及无法控制的情绪）。这就是爱情可能让你无法成为一个好人并找到归宿的重大原因。

很多时候你都需要接受这样一个事实：你爱他，他却不爱你，或者你无法找到一个值得托付终身的人。失败的爱情总会让人感觉自己很无能。所以如果你是一个好人却没有遇到爱情，或者无法撒娇卖萌找到心仪的伴侣，就很可能会寄希望于一份杂志、一位占星师甚至是心理医生，试图通过他人发现自己的不足。

事实上，你没有遇到爱情并不是做错了什么，而是生活本就不公平，虽然世界会激起你各种强烈的需求，但却很少满足它们。如果你对爱和被爱太过苛刻，最后很可能会发现自己要孤独终老。

如果你能意识到爱与痛并生，并能够承受沮丧，接受血泪教训，那你就可以幸存下来。你无须为自己受过的伤害而感到羞愧，因为这些伤害常常会帮你找到两情相悦、天长地久的爱情。

你要记住：爱的对面不是恨，而是陌生。想要收获真正的爱情，你就应该去找那个适合你的人，而不只是一个让你感觉良好的人。

找对的人，谈靠谱的恋爱

大多数生物选择伴侣时主要考量两个因素：生育力和生命力。但是人类的情况要更复杂些，我们常常会因为过于注重外貌和求婚方式而把事情搞砸。

事实上，如果在寻找理想伴侣的时候过分看重魅力，你会发现大把的约会对象。而如果你同时又不太擅长抵制美貌的诱惑，必然会因此浪费很多时间。当然，你会经历热情的邂逅、难忘的春宵，却无法找到真正的优质伴侣。

被荷尔蒙驱使的情侣都会忽略一个事实：他们的感情缺少必要的品质基础，因此会引发大量的越界行为，无法发展成为终身伴侣。所以，魅力和荷尔蒙可能有助于催生风流韵事，但也可能导致婚后感情迅速降温，离婚率飙升。

如果你在寻找伴侣，请不要只关注对方的魅力。你首先要想清楚自己喜欢拥有什么样气质和品格的人。如果对方不是你喜欢的那一款，就算他再有吸引力也要忽略。不管你们打得多么火热，不管受到多大的引诱，都要牢记总会有欠缺的东西会毁掉这段感情。

如果你已经在杂志上看了一箩筐教你如何变得更有吸引力，或者如何让别人更喜欢你的文章，但你糟糕的爱情生活仍没有一点改善的话，那就是时候换个策略了。

你需要学会定义自己所追求的东西，以强有力的方式专注于你的诉求，并进行有效的搜索——寻找不会让你精疲力竭，不会浪费你时间的伴侣。这样你才会收获情比金坚的感情。

在开始一段恋爱前，以下条件是你想要但可能不具备的：

- 一副用不着 PS 的好身材；
- 一家接受男人在吧台上用手机看黄片的酒吧；
- 一个愿意玩“人与兽”的女友；
- 当你帮女神修好电脑时曾经（短暂）感受到的自信；
- 能让你在打情骂俏时不觉得羞耻的心理素质。

大多数人想要的：

- 可以随时从一段感情中抽离；
- 找到“真命天子”而不是遇人不淑；
- 让一个魅力四射的人变得有责任、有担当；
- 把你喜欢的朋友变成你的男朋友或女朋友；
- 弄明白为什么互相吸引的两个人不能走到一起。

下面是三个问诊例子：

问诊现场 I

我不知道为什么自己会害怕跟男人打交道。我愿意去酒吧消遣，但是作为一个长相平平胆怯害羞的女孩，我并不能吸引太多男生的注意。就算有人对我感兴趣，我也不知道如何调情，因此说不上几句就会冷场。我自认是个聪明人，喜欢现在的工作，也有很多好朋友说我身上有很多优点。但是一说到跟男孩拍拖，我总觉得那离我很遥远。也许我需要一次脱胎换骨的改变。我想找到一个爱人，而不是当所有人的朋友。

问诊现场 II

我的朋友要结婚了，但我却还没找到那个可以与我厮守终生的人。我可以找到约会的女孩，有时候甚至会交到正式的女朋友，但没有一个是可以携手终老的。我从来不担心自己会没人要，但是年龄越大我就越觉得自己会成为剩男。我想弄明白为什么我从来没法真正爱上一个人，或者如何找到一个真正想跟她结婚的人？

问诊现场 III

我可以和女人相处得很融洽，也有过几个无与伦比、非常有趣的女朋友。我们产生过奇妙的化学反应，有过很多欢乐时光，性生活也很和谐，但我们后来总是因为同样的原因分道扬镳——她们都变得过度敏感，说我不爱她们、忽视、冷落她们了。我们陷入了分分合合的情感怪圈，这简直要把我逼疯了。我想弄明白为什么我总是爱上错的人，这种情况会不会有所改变？

你可能在其他书上了解到，拥有灵魂伴侣的第一步就是改变自己——不管是你的态度还是腰围。但如果你只考虑自己，只考虑你能做出什么改变，那你很可能会孤独终老。换言之，你应该评估自己的优点——也就是你不应该改变什么东西，然后想清楚为什么你想找个归宿。

如果你专注于自己的需要，而不是希望自己被人需要，就更有可能找到满足你长期需求、与你志同道合且不会让你心烦意乱的伴侣。

如果你很胆怯内向、不善言辞，觉得跟人打交道很困难，却又不想别人只把你当成一个安静的伙伴，那你可以试一下老生常谈的方法——去参加你感兴趣的俱乐部和活动。这能让你认识更多人，又不会牵扯到私人关系，也不需要过多的眼神交流。

如果兴趣小组不是你的菜，那就试试上交友网站。正如一封漂亮的求职信可能成为好工作的敲门砖，必要的话，你也可以请人教你用简短的一段话描述自己，但要避免那些太过看重头像的网站和应用。以貌取人的朋友对你来说意义不大。

确实，大多数人可能没兴趣回应你。那并不重要，因为你要找的是跟你在一个频道、知你懂你的人。他们不会让你强迫自己改变自己，变得善于交际或魅力四射。虽然在网络上符合这些要求的人凤毛麟角，但不管他们在哪里，网络都会让你有机会接触到他们。你可以找到被你的基本认证信息和兴趣爱好深深吸引的人，这种人一般也是真心想找到合适对象而不是玩玩而已。他们不会让你觉得自己是被玩世不恭、爱讲荤段子的人玩弄于股掌，也不会觉得是在浪费时间。

若你发现自己老是跟女人约会，又不想与她们长相厮守，那么你只是想找个人能陪你在沙滩散步、懂你哄你的人。既然这样，你完全可以养一条狗，省下自己“执子之手，与子偕老”的承诺。请问问你自己：“在与伴侣共同生活中我到底想要什么？”把家人、朋友的经验也都考虑进去。想想你在遇到感情危机时是否需要帮助？是否真的想建立家庭？又是否能为另一半提供经济保障？如果你决定要找一个终身伴侣，也知道了哪种人适合你，就要认准这个目标，不要再被“她是否有魅力”而困扰了。

如果你不愁找不到恋爱对象，却总是遇到错的人，那么请记住——爱情是盲目的，爱上笨蛋的几率与爱上好人的几率相等。一旦搞清楚哪种人适合你，就要学会忽略会让你迷乱的原始冲动。血淋淋的教训早已证明，只用下半身思考的人，不会有幸福的下半生。

只跟那种可能会成为理想、可靠的伴侣的人约会，不要玩玩而已，不要四处留情。你应该花更多时间跟你最喜欢的人在一起，在美好、稳定的伴侣身上找足够耀眼的魅力，而不是去和某个你对他一无所知，只知道他有坎坷情史的人一见钟情。人人都想要浪漫，但不是人人都能承受起随浪漫而来的狂风暴雨。不要为了尽快物色到新对象而改变你的基本特质。相反，你要用你的经验，根据你对对方的期待，制订一套“物色—见面”机制——合格的媒人都会这样做。

你在物色新对象时投入什么，就会产出什么。如果你想要短暂的欢愉和刺激，那么你的物色过程也会是欢愉、刺激却很短暂；如果你想要长期正式的关系，那就要做好思想准备，因为你将面临的不是“我将改变什么”，而是“我必须承担什么”。

快速诊断

无法实现的愿望：

- 拥有惊人的魅力；

- 轻松地爱上对的人；
- 能通过酒吧、婚礼和共同的朋友接触到优质的伴侣候选人；
- 对最适合你的人有着最大的吸引力；
- 面临变态的人不会表现得过于脆弱。

切实可行的目标：

- 广撒网精捞鱼，弥补自己难以驾驭的天性；
- 利用商业技巧搜索对象；
- 不要让吸引力战胜常识。

可以采取的办法：

- 找一位特别顾问来物色难以找到的候选人；
- 列出自己对候选人的资质要求；
- 搜集对方的信息，包括感情经历、财务管理和药物使用等方面是否可靠；
- 不要违反你的评分系统；
- 选择最适合的人，而不是最有魅力的人。

你的脚本

当你无法找到对的人时，你可能会对自己说……

亲爱的：

我已经试过______（精心打扮、喷香水、减掉脖子上的赘肉），但仍然没有找到（约会对象、爱的候选人、头脑正常的人）。我不会凭借________（颜值、性格、财产）来找对象，而会用现代的搜索技术去查找，他们必须要具备______（良好的人品、清白的感情历史），我会邀请那些对我感兴趣的人谈谈双方是否可能结合。而且我不会因为被人拒绝而停止寻找，大功告成之前，我决不放弃。

你是否知道长得好看也可能是件坏事？

多数人一生当中都会在某个时刻遇到一些问题，可能是超速被开罚单，也可能是没有顺利升职加薪。每当这时，我们就会想，如果自己长得好看一点，那么这一切都不会发生了。我们普遍认为，好看的人可以侥幸做成任何事情，更别说轻松地找到一个对象了，而对于长相普通的人来说，好看的人做事总是更有成功的把握。

人们对美貌的渴求就像咕噜对魔戒的渴求那样，所以如果你刚好拥有倾国倾城之貌，那么全世界都会把你当成“尤物”来观赏，而不是看成一个人。这是令人毛骨悚然且感觉不快的体验。

拥有充满魅力的长相似乎是上天的眷顾，但是这并不意味着你就能找到最佳伴侣，有时候恰好相反。天生丽质、光彩闪耀的人会让更多的“咕噜”对你垂涎三尺，也就是那些受欲望驱使且三观不正的人。他们只不过是想向别人炫耀自己跟有魅力的人约会甚至上床。

既要防范这些人，又要试着找到一个真心待你的人，这很难同时做到。现在向你求婚的人可能之前会与你的风格、目标和价值观完全不同，或许你的魅力让他们暂时以为自己想要的就是你本人。美貌会引起别人的注意、勾起别人的兴趣、让别人采取行动，甚至不合格的追求者都是受美貌驱使。

如果你刚好既有魅力又很善良的话，那你就会因为他们被拒绝而心生同情，然后你就真的只想孤独终老了。

有魅力的人可能会逃掉违规停车罚单，会找到更好的工作，但是他们也必须培养自己忽略别人需求的能力，必须变得铁石心肠，对约会对象必须精挑细选。所以不要想当然地认为长得好看就一定会过上最好的生活，因为最好的生活中不会包括那些因为看上你的美貌而追求你的渣男或渣女。

婚姻不是必需品

很多人都想把婚礼办得轰轰烈烈、浪漫无比，都想向世人展示他们有着海誓山盟的伟大爱情。爱得越深，婚礼就越奢华，乐队就越聒噪，甜点桌上的巧克力喷泉就会越高。当然，费用也会贵得出奇。

问题在于：婚姻不是彼此深爱的结果。它并不只是针对个人，更是针对某项事业，不论那项事业是革命、拯救鲸鱼还是爱情。如果要兑现承诺，夫妻双方都必须同心同德，共同维护彼此的婚姻观。当然，也要爱惜自己的另一半。

如果你认为婚姻主要建立在爱情之上，那么你就不知道除了爱情之外，还应该在自己和对方身上寻找或期待什么。爱情可能会让人承诺对方买一双鞋或者买一块比萨，但它却不是承诺婚姻的决定性因素。否则，你要么会在婚前草草分手，要么婚后生活会过得鸡飞狗跳，最终不得不离婚。

事实上，不是每个人都适合结婚。有些人更喜欢独身，或者不想也不需要通过婚姻获得安全感。一般情况下，男人比女人更爱单身，这让女人在找伴侣时不得不下手更快。她们总是在暗地争抢可能会结婚的男性候选人，因为她们知道没有那么多好男人可供选择，尽管她们都应该得到真命天子。

除此之外，还有一类人，不管你多么爱他，一旦你想把一辈子都托付给他，他却只会拖累你。因为他根本无法打理好自己的生活，而且会给亲密的人带来各种风险和麻烦。这当然会让他看起来更加性感，也更容易找到试图与他长相厮守的倒霉蛋。这种人可能想要结婚，但是你一眼就能知道他们和伴侣根本就没有什么美好的未来。

不管哪种情况，都不要试图说服自己或伴侣应该走入婚姻的殿堂，除非你综合考虑了现状、价值观和目标，还是认为这对彼此都有好处。如果这样没有说服你的伴侣采取下一步行动，那么你就应该明白对方可能从一开始就不是最合适的人；如果你们都憧憬未来可以一起实现白头到老的梦想，那么花钱买珠宝首饰吧，你已经做好了结婚的准备。

你想找到以下事物将爱情变为婚姻，但却找不到：

- 有办法转变你对家庭和婚姻的看法，从“不感兴趣”变为“我要！”；
- 为你所爱之人找到一款啤酒，口感好且会千杯不醉，还不会让人酒后乱性；
- 《爱情圣经》的作者真正的名字以及地址，这样你就可以请人把他约出来。

希望结婚的人的期望包括：

- 把感情向前推进一步；
- 找到某种办法避免分手和重新开始；
- 让他们的爱人明白婚姻很美好；
- 让他们的爱人戒掉坏习惯并安定下来。

下面是三个问诊例子：

问诊现场 I

我和男朋友已经同居两年了，但是每当我提起结婚这个话题时，他不是说自己还没做好准备，就是说不知道结婚的意义。我们相处得很好，而且也很确定他爱我。他认为我们现在基本上已经算是结婚了，所以为什么还要为了一个虚名而毁掉我们已经拥有的一切？他还觉得自己还没做好当父亲的准备，或者永远也不会要孩子。而我真的很想组建一个家庭，我想让他知道我们关系多么融洽、我是多么容易相处，然后说不定他就会改变自己的想法。我想让他与我一起走进婚姻的殿堂，携手创造美好的未来。

问诊现场 II

我爱男朋友，但是我不确定自己是否想安定下来，或者是否想要孩子，甚至不确定自己会一直住在这个小镇。他却想结婚，我觉得自己才 28 岁还很年轻，世界那么大我想去看看，也许将来还会到国外生活。

我们是青梅竹马，五年前开始约会，也已经同居三年了，一切都在往更好的方向发展。但不知为何，一想到婚姻、海誓山盟、承诺和相伴到老，我就会莫名的紧张。我想处理好他施加给我的压力。

问诊现场 III

伴侣和我已经共同生活了十几年。我们都不太在乎一纸婚约或者组建家庭，我们喜欢顺其自然地在一起，因为我们都知道对方不会离开自己。但是我们的家人，或者说这个社会，似乎并不这么认为。我们双方都没有结过婚，所以你可能会觉得别人的说法很有道理，但并不是。双方的父母都不断地劝我们“做正确的事”，经常还要在前面加上一句“在我们死之前”，真是哪壶不开提哪壶。我想让人们接受我们现在的状态。

如果你不再为结婚感到焦虑和压力山大，并信任对方，那么你肯定还没有做好与子偕老的准备。当你或者伴侣对彼此还有所保留，不愿意向对方托付终身，那么你们可能会引发另一场无休无止的矛盾。

所以如果海誓山盟无法兑现，那你就必须承认你们不能步入婚姻殿堂存在一定的原因。赢得一场战争最好的办法就是在开始时就避免战争，这才叫不战而屈人之兵。

如果爱人不对你做任何承诺，那就请思考一下原因，是因为他并不爱你，还是因为他根本就没有能力承担责任。有些人可能会对此有所隐瞒，因为他们永远都焦躁不安，无法忍受哪怕一秒钟的冷静；有些人可能并不想要他们的准伴侣所期盼的那种家庭生活；还有一些人就是只顾自己欢乐，不关心工作，也不关心别人的梦想，更不会为此做出任何牺牲，甚至连他们的母亲也挖苦他们，称他们为“人生赢家”。

对于不愿和你提及结婚事宜的伴侣，你可以咨询一下他的前任，看看他以前是否有结婚的心思。除非你的候选人比较年轻，你一眼就能看穿他，否则搜集这种信息很有必要。如果他的过去并不能说明什么问题，或者现在他能更好地解决之前的问题，那就尽量避免让历史重演，阔步向前吧。

你要就自己是否对婚姻感兴趣、准伴侣是否可靠以及伴侣是否具备必要的品质和价值观进行客观公正的评估，不要让爱情、取悦他人或者证明自己的冲动蒙蔽了双眼。因为对方如果不是自愿步入婚姻的围城，那么你们的未来注定会很悲惨。

当你想结婚，或是因为伴侣施压而结婚时，不要过多地考虑对方的需求，问问自己到底想要什么，婚姻会不会帮助实现你的人生目标，认真考虑你是否真的想要组建一个家庭、拥有共同资产和相伴一生的伴侣，然后再衡量双方的目标是否互相匹配。

想想自己过去是如何处理有关婚姻的话题，你是否逃避过，是否有过注定会落空的情形，或者是否存在许诺过后却抽身逃离的情况。尽可能做到实事求是，不要忽略任何一件对婚姻有负面影响的事情，也不要假想自己可以改变。除非你已经决定要尝试，而且取得了进展。

如果你觉得婚姻不适合自己，那么你就必须承受失去伴侣的痛苦。但是长痛不如短痛，与其以后长久地失望，不如只在此时失落，而且这样给对方造成的伤害比你明知自己无法信守诺言却被迫结婚的情况要小得多。不要对自己的爱情吹毛求疵，要承认并不是每一个人都适合婚姻生活。

如果你和伴侣都更喜欢没有婚姻的情侣生活，其他人却以“婚姻才是好人唯一正派的目标”来说服你，那么为了更好地反击他们，你就需要问问自己，这段爱情中是否有对任何一方都不利的因素，而是否通过结婚、互享财产、承诺相伴一生就能改变这种情况。考虑一下你们当前的关系是否会对彼此或者依靠你们的人不利，不管是现在两人相伴还是将来一人孤守，考量最坏的情况下不结婚是否会给双方造成伤害。

一旦你综合考虑了不结婚的伦理意义和现实意义，认为自己的做法没错，那就不要跟试图把你推进婚姻围城的人继续讨论甚至争吵了。

与其把婚姻看成一场战争，不如将其看成一门生意——婚姻应该让双方的生活更加美好，有双方都同意缔结的方式以及遵从的惯例，而且都具备一些优良品格。如果满足以上条件，那么他们将在婚后继续深入交流、互相关心，甚至在遭遇厄运时也会深爱对方，至死不渝。

与此同时，不要将逼婚当作考验爱情的手段，而应将它看成对你智力和经验的考验。不论这种行为多么可爱、多么淫荡或者多么疯狂，你都要守住底线——明确自己想要什么、明确什么样的伴侣才是好伴侣，这样才不会感觉自己的底线总是被挑战。

快速诊断

无法实现的愿望：

- 两个人在一起只要爱情就够了；
- 只要克服恐惧，一切都能迎刃而解；
- 爱情非常强烈以至于可以改变个性差异甚至是天气；
- 家人总是能接受你对感情、生活方式以及发型等方面的新看法。

切实可行的目标：

- 热恋当中依然能够客观评估爱人是否适合结婚以及婚姻是否对你有利；
- 变得越来越擅长回避不婚主义的爱情；
- 不会因为找到一个执拗的伴侣而认为自己很失败。

可以采取的办法：

- 自问是否想要婚姻，或者只是别人让你以为自己想拥有婚姻；
- 列出一位终身伴侣必须具备的资质；
- 清楚描述你的伴侣需要承担的责任和工作；

- 只想求得一位最佳配偶。

你的脚本

当你想要结婚时，你可能会对自己或伴侣说……

亲爱的：

毫无疑问，我们的爱情是______（真实的、感情深厚的、无比坚定、史上最好的爱情），所以现在是时候考虑一下婚姻到底对我是否有好处，你是否能成为一个合格的终身伴侣。我已经认真思考过自己是否想要______（孩子、城市生活、乡村生活、家庭欢乐时光、和你共用马桶和厨房、和你一起还助学贷款和房贷），我确信我们的结合一定会是件______（好、坏）事。请认真地考虑一下我们的未来，也好好地想想你有多喜欢我的______（脸、龅牙、笑声、生活情趣），并回到我身边。

表 1.1　婚姻面临的真假考验

真考验	假考验
开着一辆小破车一起去旅行，没有任何预算、车上没有空调，也没法关闭宗教频道。	共度一次奢侈的假期，你只需要饭来张口，甚至有人会把饭嚼碎了喂你，吃完还会给你擦嘴。
跟配偶一起照顾长期体弱多病的父母。	跟伴侣的父母只见过一面，而且还是在堂兄的婚礼上，当时你们都在跳舞。
一起食物中毒。	一起上网订餐，但是让配偶点击“发送”。
当配偶失去工作，或者要开始从事一份全新且几乎会耗尽所有精力的职业时，你还能给他建议和支持。	跟同事暧昧，因为你们整天都在一起。
你们决定结婚是因为期待一起开启新生活，而不是因为想举办一场婚礼。	你坚持结婚是因为想比那个贱人考特尼更早走上婚礼的红毯，而且这样你的孩子就不是私生子了。

想什么别都想电视剧式的爱情

对于有些人来说，特别是那些看了太多爱情电影且动辄就模仿其中桥段的女人，她们的终极幻想就是找到一位可以用爱和奉献打磨的璞玉。

改变和培养你爱的人，就像美女与野兽的故事，不但会带给你爱的快感，而且还会有一种救赎的狂喜。所以，这种爱情不仅吸引女性，而且对某些牧师和心理医生也特别有吸引力。此外，性不仅可以提供生理快感，还具有疗救的力量。

不幸的是，随着时间的流逝，你的日常需求会越来越多，你需要依靠伴侣的善良、责任感和清醒来保护自己免受伤害、羞辱和抛弃，但是伴侣却没有这么大的能力。如果你想用爱改变一个受伤的人，让他变得完美无缺、品行端正，这就像指望一头经过训练的熊能够一直双脚站立一样。最终，当音乐停止、观众离去时，熊还是会四脚着地。经过训练的熊终究还是熊，受过伤害的爱人终究还是有伤痛。

如果你喜欢引导和感化别人，那么别人能否变得更好就变成衡量你是否成功的重要因素。但是当你过分看重自己改变他人的欲望，而培养对象若不能持之以恒地改变，那你将会很失望，甚至发展为愤怒。此外，如果你想要某人因为爱你而改变自己，那么当他不愿改变时，你就会解读为他对你的爱还不够，那时你不仅会失望，还会倍感羞辱，甚至会怀疑你爱的人是否会为了他人而做出永远的改变。实际上，唯一有能力促成那种改变的人就是巫师了。

所以，你不能把爱情当成是加深感情或救赎的工具。评估爱情的力量不能看它能否将一个坏男孩变成完美情人，而是要问问自己能否接受对方现在的样子。如果能，而且你仍然爱着他，那就恭喜你了。虽然你的故事不会被编剧搬上荧幕，但是这样平淡的爱情才更有可能长久。

以下是你希望爱情能够改变他人却做不到的：

- 让某人不再嗑药、酗酒或招摇撞骗；
- 让沉默寡言之人对你敞开心扉；
- 让一个总想取悦别人的人明白拒绝其实也很重要；
- 让某人不要那么爱你或者更爱你。

人们表达的愿望包括：

- 不让某人毁掉自己的感情、健康或工作；
- 让某人明白只要更有动力、严于律己以及充满野心，他们就能取得巨大成就；
- 让某人停止一味付出；
- 改变某人对性的认知。

下面是三个问诊例子：

问诊现场 I

高中时我就开始跟男朋友约会，那时他总是嗑药，经常被警察找麻烦。后来我改变了他，他开始学会照顾自己并认真对待工作。现在我们住在一起，他也定期上班，却没有任何抱负。每当他退缩胆怯时，他就又会嗑药。虽然他很爱我，并告诉我说如果不是我，他现在可能会流落街头，但我认为他没有认真看待自己的毒瘾，而且他也不想得到帮助。除此之外，我发现他在工作上并没有什么上进心，只不过是被动地接受任务。我不想给他施加太大压力或者伤害他的自尊，那样我会很内疚，但我看不到我们的未来，除非他更有责任感更有担当，不然我们连孩子都养不起。我想让他明白他需要戒毒以及更加努力赚钱的原因。

问诊现场 II

我一直都很钦佩丈夫，他对自己第一段婚姻中的孩子关爱有加。这让我看到他是一个多么善良有爱的男人。但是，结婚之后我才意识到，他不懂得拒绝别人。不论是他那九岁的儿子想要一件礼物，还是他前妻提出孩子需要全新运动装备的要求，我丈夫都会停下手头的一切工作去照办。他总体来说没有那么多时间或金钱，因此这会直接影响我的预算以及我们在一起的时间。我想让他明白他对儿子和前妻的关心太过了，而这对我们的婚姻或者他的儿子都是不利的。

问诊现场 III

谈恋爱时，妻子曾经是我最好的朋友和梦中女郎，朋友们总是艳羡我们的感情。但是生完孩子之后，她就患上了严重的产后抑郁症，体重飙升了 30 磅（大约 14 公斤）。现在她总是使唤我做各种事情，因为她对每件事都感到焦虑。这可不是我想要的生活。现在她也在看心理医生，所以我想让医生不仅告诉她需要帮助，而且告诉她应该怎样做。我也想知道怎样做才能找回那个我曾经深爱过的女孩。

事实上，爱情只能改变我们的行为，却无法改变我们的

本质。爱情可以让我们变得盲目、疯狂，获得幸福，也可以让我们变得非常依赖对方，却没法改变我们的性格、世界观或自我认知。

承认爱情的局限性，并不意味着贬低爱情，只是实事求是罢了。性格和感情非人力所能改变。因此，当你可以做出选择时，必须非常谨慎，爱自己能够接受的健康的事物。

一方面，爱充满了魔力，它能赋予感情和生活特别的意义；另一方面，那种魔力可能让我们变得盲目，看不清危险，还会贬低、消耗我们为珍视的事物所许下的海誓山盟。这就是当爱还要兼任救赎任务时所遇到的主要问题之一。

如果你的爱情始于无私拯救某人的愿望，那你很可能会忽视美满婚姻所需要的其他品质，而只寄希望于伴侣不要喝醉、自杀或者做出其他具有毁灭性的举动。但是，当救赎的激动过后，你可能会很失望。因为他毫无野心，而且与你兴趣不同。那当然不是你想要的生活，也不在你预料之中。因为你更多地在关心如何让他振作，而不是关心如何一起过上美好的生活。

这时你就不要再因为内疚，或者觉得自己有责任继续维持好不容易建立的稳定生活而得过且过了。相反，你应该尊重自己，重新发现自己的需求，扪心自问伴侣能否满足这些需求。如果不能，那就告诉自己已经做得很好了，你已经帮他走上了正确的道路，他迟早都会失去你，现在是时候离开他了。

不要因为感情结束而责备彼此，而要尊重你们一起取得的成就。现在只是结束一段没有希望的感情，因为你们都要继续前行。只要从中吸取教训，下次做出不同的选择就好了。

有时候，直到你们在一起后，你才会发现，以前你欣赏他身上慷慨善良的品质，后来可能会变成你的眼中钉。如果他对母亲、前妻、上一段婚姻的孩子、怪异的邻居，甚至你们亲生的孩子都只知道一味地给予，你可能会因为失宠而愤愤不平，也可能会因为自己对这么善良的人都充满怨念而深感内疚。你越是满身怨气，就越会把他推到那些原本对他毫无所求的人身边。

与其让他知道你不想最后被关注，不如让他以你们的婚姻生活为中心，规划好自己的时间和金钱。你可以要求他首先考虑与你相处的时间，然后再实事求是地考虑其他人的请求和需要。当他接受自己的资源有限的事实，虽然某些人会无可避免地感到失望，但他在付出时就会根据自己珍视的程度而有所偏重，而不是只看对方的脸色。

但如果他无法为你们的婚姻规划足够的时间和金钱，那这段婚姻就不值得你继续守候，你可以抽身逃离。当走到这步时，你会发现自己已经尽力了，而且你很理性地做出了决定。以后，你再也不会与不懂得拒绝的人约会了，除非他承认自己的问题并且努力控制。

哪怕你选择了一位自己完全接受的伴侣，年龄、疾病和创伤等因素还是会使你们的婚姻陷入困境。所以未来某一天，你可能还是会因为自己没有改变某件不利于你们感情的事而感到遗憾，因为当初明明说好不会计较。即便你承诺不管发生什么都会接受伴侣，但最终还可能会架不住某些毁灭性的打击，比如痴呆、中风或者癫痫，这些会让你心生绝望。无论如何，以上都有可能发生。

当然，你要试着找回自己曾经拥有的事物。如果再也无法找回，那就找到最好的折中办法，不要跟你的价值观相冲突。你的目标不是获得快乐，而是做正确的事，必要时还需要忍受不快乐。但是，你必须评估这样做（找到折中办法）对配偶和家庭的影响。哪怕为此增胖几斤也很值得，但没必要为此改变自己的性格或做出危险的举动。

当感情无须用心经营，双方理所当然地互相接受时，爱非常美妙。但是那样的爱只存在于小说中，现实生活中的感情——涉及工作、孩子以及另一个人——要想时刻保持微笑，对你无法接受或改变的事保持沉默，或者找到充足的理由忍受这一切，那就更难了。如果你想要感觉好点，还不如试着换个新发型。

快速诊断

无法实现的愿望：

- 对方更加有力量（虽然他们觉得除了取悦你，好像也不用那么有力量）；
- 对那些想找乐子和你爱上的人讲原则；
- 从来都不守规矩的人突然变得行为得体；
- 某人因为冲动和你的感情能够进行自我激励。

切实可行的目标：

- 多花点时间，更加严格地物色人选，直到找到那个具备必要品质的人；
- 用外科手术或染发剂而不是爱来改变一个人；

- 如果某人为了他自己想要改变，那你大概能预料结果；
- 接受而不是忍受人们本来的样子。

可以采取的办法：

- 永远不要混淆爱和拯救；
- 知道自己想从好的爱情中得到什么，确保伴侣本身就具备那种品质；
- 要求对方改变的初衷是考虑到改变的好处，而不是因为你很失望就要求改变；
- 如果改变不可能发生，除了责备或抱怨，知道自己需要做什么。

你的脚本

关于必要却又不可能发生的浪漫改变，你会说……

亲爱的：

我一直弄不明白你为什么就不能稍微地改一改你的 ______（性格、生活习惯、感情、裤子尺码），这

样我们就不会一直 ______（争吵、分居、一起出去却不知道该去哪）了。我知道你爱我，不管进行多少次交流都不会改变任何东西，我会接受你本来的样子，不会强迫你改变。但我们的感情会继续以 ______（婚姻、偶尔的拜访、飞鸽传飞）的方式继续维持下去。

性很重要，却不是最重要的

我们可以从性爱中获得极大的快感，特别是当我们的伴侣也散发着迷人的荷尔蒙时，享受性爱成了理所当然的事。况且，人们也很难忽视性的重要性，至少美国是这样。

许多心理医生相信接受性感觉对心理健康非常重要。他们争论说既然避孕就可以防止意外怀孕和疾病，那么男同之间的性行为也是没有任何错误。他们认为如果下半身不高兴，大脑也会不开心。不幸的是，我们似乎总会在性爱方面犯错，因为几乎完全无法控制，就像青春期的勃起一样，经常会让人尴尬。

记住，不管你喜欢与否，性都会影响你的身份和道德认同感。你的性取向一旦遭受指责，都可能把你置于社会边缘或者道德谴责的境地，不管这种指责正当（如针对恋童癖）还是不正当（如针对同性恋）。

强烈的性冲动很野性，会促使淫棍把别人当成猎物。淫欲浪潮也会扫除你所有的理智，让你忽略此举可能带来的伤害，哪怕你的伴侣也有同样强烈的性欲。即使你魅力四射，能找到很多有求必应的伴侣，你也可能会沉迷于吸毒般的快感而无法自拔。而这会催生背叛分手，使你们的感情无法长久。你可能被人羡慕，但是你真的完蛋了，而且不是你想象的那种方式。

如果你欲火中烧却又毫无魅力可言，总是被取笑、被别人挑逗后又被残忍地拒绝，那你就会觉得自己像个永恒的失败者；如果你觉得自己并无缺陷，也不嫉妒那些有丰富性经验的人，那你就会对那些挑逗你且在你沮丧之时还来烦你的人火冒三丈，而那种怒火只会让你无比丑陋。

哪怕是那些找到合适的性伴侣且感情非常稳定的幸运儿，受年龄、荷尔蒙或压力的影响，他们的性冲动会变得越来越弱，最终也都会遇到一些问题。当然，这种情况不会同时发生在伴侣双方身上。这就是为什么美好婚姻的考验并不是性和谐，而是当性不和谐时你如何应对。

所以，如果“恶”指的是道德上的妥协、自私自利和背信弃义，而不仅仅是违背延续数千年的社会习俗的话，那么性确实是万恶之源。有强烈的欲望而仍旧表现得像个禁欲者，这是很难的事情，特别是对于那些有性幻想对象的人来说。严加管理性欲，那可不仅仅是对手淫的礼貌说法。

如果你在性爱方面百般受挫，不要认为自己的性格有问题，你可能只是一个耐得住寂寞的好人；同样，如果你在性爱方面春风得意，也不要觉得自己人生圆满了，因为你可能做出了过多的让步，或者是陷入了一段不会开花结果的感情。

如果你想寻找美好的性爱，那你就相当于在错的地方寻找错的事物，因为“美好的性爱”就跟出卖色相卖汉堡包一样荒谬可笑。你还不如在尽己所能寻求性满足的同时，坚守自己的价值观。当性欲望无法得到满足时，从自尊考虑，多想想那些比性更重要的事物。性爱确实美妙，也确实随处可见，但这并不意味着性爱就是生活的全部。

性治疗师本可以教你以下方法享受性生活，但是他们却没法做到：

- 不论你是否已经受够了伴侣的忽视、批评和不敬，只需一个眼神，你们立刻就兴致勃勃，面带微笑准备大干一场；
- 找到一种可以激发伴侣性欲、触发高潮的终极方法，而且历经多年研发而成，哪怕在疲劳、紧张、药物失灵的情况下也管用；
- 特殊的白内障，能让你们忽略伴侣的皱纹、赘肉和像肿瘤一样的胎记；
- 普世的、无限制的、恒定不变的儿童护理方法。

人们表达的愿望包括：

- 弄明白自己或伴侣的性吸引力出了什么问题，并将它找回来；
- 不再要那种对自己不利的性快感，或者弄明白自己为什么只想要某种快感；
- 弄明白自己或伴侣做了什么使性吸引力都消失了；

让伴侣明白他们需要性满足，在他们开始在别的地方寻求性之前。

下面是三个问诊例子：

问诊现场 I

生完三个小孩且结婚十五年后，我的性欲骤然下降。尽管丈夫年龄比我大，工作压力也比我大，但他的性欲还是跟年轻的壮小伙一样。所以，我们之间就出现了矛盾。他一直在想办法刺激我的性需求（或者说性冷淡），但我知道他很沮丧，因为我无法满足他。他为此认为自己没有魅力、觉得我不需要他，我也确实对此深感歉疚，但实际上我对他或其他任何男人都提不起兴趣。我想弄明白怎样才能恢复自己的性欲，或者让丈夫的性欲不要这么旺盛。

问诊现场 II

未婚夫对我的吸引力远没有前男友那么大，这让我感觉很糟糕。尽管前男友是个混蛋，我们的感情也早已支离破碎，但是我还是对他念念不忘。我的未婚夫是个好人，我也非常尊敬他，但是他就不如前男友那么有吸引力，做爱时也平平无奇。我在想是否应该嫁给一个对我没什么吸引力的人，这对他是否公平。我想对他更感兴趣，或者更加确信自己的选择。

问诊现场 III

我是个好人，而且我能很好地照顾自己，也尽量让自己容光焕发，尽可能彬彬有礼地对待女孩们。但是不管是在学校还是在俱乐部，我追不到女孩。这让我很苦恼，因为她们宁愿跟混蛋回去过夜也不愿给我一次机会。可能是因为我没有出类拔萃的身材。我真想狠狠地抓住她们问问她们脑子是不是有问题，为什么宁愿跟混蛋在一起也不正眼瞧我一眼。我想让这些女孩明白我是个好人，至少是个不错的床伴。

由于性是生活中必不可少的一部分，所以人们就会觉得如果他们不被需要或者无法勾起别人的性欲，那肯定是自己出现了问题。如果他们能改头换面找到正确的精神导师、减肥成功或者散发魅力，那他们一定会被别人需要。问题是，性与其他自然需求不一样，对于某些人来说，性不会自然而然地到来。况且，也不是每个人都能轻松地睡好或者排便顺畅，不然就不会存在安眠药或者泻药了。

现实生活中，许多人都无法脱胎换骨，也没有什么机会能让他们感觉自己魅力四射。他们的性冲动与性机会很不匹配。对于他们来说，保持愉快长久的性爱简直就是天方夜谭，而将美好的性生活当成目标，他们只会因为沮丧而更加挫败。

在漫长的婚姻中，双方的性需求不在同一个频次并不奇怪。哪怕接受治疗也并不一定能改变状况。夫妻双方可以去医院检查是否患上了小毛病（比如甲状腺低能症）。性治疗有助于你克服性压抑和性挫折，因为这些因素都会引发性无能。但是即便治疗之后，双方的性欲还可能会有天差地别。如果真是这样，那就别太执迷于深层次的解释或答案，否则只会加剧挫败感。你要明白性欲随时可以发生变化，至于为什么，谁也不知道。然而，这并不意味着你们之间的感情没那么真挚、没那么重要或者没那么强烈，只说明性爱需要充分的协商，需要双方自愿做些事情来维持感情。也许，你们感觉不如从前那样美好，但是如果婚姻的和平稳定受到了威胁，不妨逆来顺受，做出一些牺牲也很值得。

当我们谈论性爱时，要将它当成是可以维持一段稳定感情的潜在正能量，即便一方比另一方更加欲求不满。除非你和伴侣都因为性而痛苦，否则双方最好共同探讨一下做爱的好处。如果你对性爱不再感兴趣，那就为自己放弃这份上帝的礼物而骄傲；如果你的性欲像从前一样旺盛，那就为自己曾经拥有的性爱经历而自豪。

对自己不中意的人感觉到欲火中烧，而对自己非常喜欢的人却提不起性欲，这也不很正常。很显然，如果你更注重自己的性需求，而不是看重对方的性格、力量和可靠性，那你就是在找麻烦（也可能是想达到高潮，但多半是在自找麻烦）。

确实，你的脑海中可能会有歉疚、指责的声音，会渴望激烈的性爱，会因为自认为文质彬彬的男朋友没有一个坏男孩那么性感而深感内疚。但是你要记住，判定伴侣具备的品质和魅力也很必要。不要将他与性感先生比较，要判断他是否拥有你觉得必要的品质。然后做最有利于你的事，因为那是你的责任。大多数情况下，性感先生并不适合做一个正派的伴侣，因为他们有时都算不上正派人。看看自己文质彬彬的男友，你应该恭喜自己选择了一个绅士，即便这会让你少些性快感。

有时候受挫的性爱跟完美的性爱一样危险，特别是对于那些性饥渴的男人。只有女人能激发他们的饥渴，但是当她们成功挑起男人的欲望后却又拒绝满足他们，这会让男人们勃然大怒。实际上，不管男人在性方面有没有到得到满足，女人都完全没有责任。所以如果一个男人觉得女人有责任满足自己的性需求，那他就会变成一个被性欲控制的霸道混蛋。

人非草木，女人也不是猎物，她们可能会使男人感到饥渴，但并不一定非得成为男人的盘中餐。实际上她们可以自主选择，她们不欠男人任何东西。如果继续用性爱快餐的隐喻来讲，她们不是汉堡王，男人们不能想怎么来就怎么来。

这种情况下你不应该有性别歧视或发怒，更别提上床了。因为那样并不能长久地改变你的态度，也不会提高你对异性的容忍度。你应该是承认女人不欠自己一次性爱的机会。性爱更像是一种运气，就像天气一样。

不幸的是，有时候你的运气很差，哪怕性饥渴到了难以忍受的地步也没有机会。这种情况下，你需要向心理医生寻求帮助，控制住自己的负面想法，有尊严地处理此事。

你的性生活是否和谐，你是否性饥渴或者是否有魅力，这些问题都会带来无尽的道德困扰。它们可能会让你在选择婚姻时做出完全错误的决定。仔细考虑自己实际上能够控制什么、怎样才对你有利之前，永远不要优先考虑性需求。只有当你做出了正确的选择，第二天早上醒来看着枕边的人，才会对自己的决定怡然自得（因为你知道自己非常正常，而且享受了一夜欢娱）。

快速诊断

无法实现的愿望：

- 天时、地利以及人和促成一次酣畅淋漓的性爱；
- 安全的性知识永远对大家都有好处；
- 某人对你的性欲有求必应。

切实可行的目标：

- 当你知道性爱会伤害某人（包括自己）时，有能力拒绝；
- 当你非常性饥渴时，还能够深谋远虑并忆起过往的经验；
- 不过分看重魅力和性满足的价值；
- 哪怕对方性冷淡或性无能，也尊重对方。

可以采取的办法：

- 察觉自己（或伴侣）是否容易被“偶然的性爱”伤害；
- 如果性爱危及到自己的心灵健康，学会避免；
- 从过去的爱情或性爱中吸取经验，列出伴侣必须具备的品格，以及你绝对无法接受的危险信号；
- 先确保你的伴侣人品可靠，再考虑他的性感程度；上床、结婚前都要考虑清楚；
- 列出自己肯定的个人行为标准，审视自己是否达到了这些标准。

你的脚本

关于性机会和性欲望你可能会说……

亲爱的：

当我与能吸引自己而不令人厌恶的人 ______（进行眼神交流、上床）时，我觉得自己更有自信了。不幸的是，当我跟他们扯上关系时，我就会 ______（不清醒、宽衣解带、无法把控生活）。我会首先 ______（学习性伦理、进行背景调查）来防止出现脑子一片空白的状况。如果我无法得到性爱，我会 _____（火冒三丈、有自杀倾向、备受打击），但是我会试着 _____（洗个冷水澡、手淫的时候停顿几次、看看生活中比性爱更重要的事物）。如果我不喜欢性爱,别人可能会觉得我 _____（易怒、丑陋、畸形）。我知道，必要时我还是能够让别人得到性快感。

表 1.2　告诉伴侣你不想做爱的方式：10 000 点伤害 vs 零伤害

10 000 点伤害	零伤害
我头疼，别做了，真的。	我也爱你，还是等我下次不那么累的时候再做吧。
真的要这样吗？我们不是上次刚做过吗？	我很开心自己魅力十足吸引了你，但是我身体的恢复速度可没你那么快。
呵呵，快从我身上下去。	我希望自己现在跟你一样有性欲，可我需要好好休息一下，给我点时间。
你要先去洗澡，而且修理一下眉毛。	我们为什么不一起洗澡？如果你让我洗掉你身上的臭气，我就会让你摸我的咪咪。但是仅此而已，我太累了。
也许你可以趁我睡着后再做。	我们继续吧，我很享受，因为这让我感觉离你很近，不论是否有高潮。

当爱已成往事

当美好的爱情最终败给了时间，你会感觉自己掉入了情感黑洞。你总是想着如果能回到过去就好了。只要回到过去，你就能挽回逝去的爱情，至少双方不会撕破脸皮。

也许大多数人都能放下失恋，但难免还是有修复爱情的冲动。毕竟，你们曾经爱得那么汹涌，爱得那么认真。你觉得彼此只是需要更多的交流和相互理解，或者一起去找婚恋专家，抑或是去温暖的海边度假，这样你们就能够再次坠入爱河。不幸的是，爱情发展到最后，总有些无力化解的矛盾会让感情破裂，即便是5A级景区或时光穿梭机也无济于事。事实上，许多矛盾在爱情初期就早已注定。

比如，单方面的一味付出就会给爱情埋下隐患。除非付出较多的那方从小缺爱寂寞难耐，或者并未意识到自己一味付出会有问题，但如果另一方对此习以为常，然后又恶习缠身、自私自利、无法理解对方需求的话，爱情也同样无法持久。

正式确立恋爱关系之前，最好能与对方长期相处一段时间，比如在她患流感时予以照顾，或者一同出游，驾车二十多小时后在一家破落的汽车旅馆过夜。在这一过程中，你很可能会及时察觉到婚姻后期的雷区，并避免踩中任何一颗地雷。只需提前做点简单的调查，你就能判断对方是否可能移情别恋。毕竟，当你知道她抛弃过多位前任，那聪明如你肯定就知道该怎么做了。

如果现在你们的爱情已经走到了末路，一味挽留也只会使你忘记自己身上的优点。失恋固然痛苦，却也再正常不过，可一旦拒绝接受失恋的事实，痛苦将变得无休无止。如果爱，请深爱。如果爱已走，那就放手。

问问自己能否承受并解决失恋这件“小事”。如果答案肯定，那就勇敢放手。然后找出问题根源，如果再坠情网，运用你的智慧争取做得更好。这才是重拾爱情的不二法门。

挽留爱情时，有你想要找到却根本找不到的事物：

- 曾经犯过的错，这样你就可以痛改前非，永不再犯；
- 情话，可能取自一首歌或一首诗，却能与鲜花和哀求相得益彰；
- 婚恋专家，能帮你们理解彼此的感受，而不是像平常那样大吵一架；

- 爱情或死心魔药，不管是谁都可按需服用，包括你自己。

失恋者的愿望：

- 想出一个能让双方和好如初的办法；
- 找到自己以前如此愚蠢的原因；
- 让对方看清自己拥有什么，以及为什么值得挽留；
- 让对方看清自己缺乏什么，以及为什么应该抛弃。

下面是三个问诊例子：

问诊现场 I

我觉得前女友曾经历过性虐待，她需要信任我。我对她非常温柔，而且从没像爱她那样爱过别人。我无法理解为什么我们前一天还亲密无间，第二天她就不理我了，跟我说我们都需要冷静一下。我想方设法地帮她走出困境，让她明白我有多爱她。很明显，她需要更多的安慰，但是我不知道怎样去安慰她。我想弄明白怎样才能让她感觉自己被爱，怎样才能获得她的爱。

问诊现场 II

我跟老公的感情一直都很好，所以当看他手机发现他出轨时，我简直快要崩溃了。他非常懊悔，坚称自己没有做对不起我的事，但是那样只会让我更加不信任他。我觉得我再也无法信任他了，除非我知道他为什么要那样做。我想让彼此直面问题的根源。

问诊现场 III

三个月前，我与交往一年的男友分手了。我试着快刀斩乱麻地结束了那段感情，但也不是无情无义，虽然我们在一起很开心，但我看不到未来，所以想要离开他。他痛不欲生，多次想让我回心转意，但我不为所动，他最终好像也接受了现实。问题是现在他又想和我当普通朋友，而他所谓的普通朋友却更像是男女朋友。他一直给我打电话，不停地计划一起出去玩。拒绝他我会很内疚，但是接受他的邀约也同样让我很内疚，因为我这样做很不负责任。我想让用一种不伤害前男友的方式让他明白一切都结束了。

由于感情中存在竞争元素，比如谁掌握电视遥控、谁有权不倒垃圾、谁照顾小孩等，所以人们经常会把感情比作体育竞技（特别是棒球）。如果你将性爱比作本垒，将拒绝比作三振出局，那还稍微能说得通。但是总体而言，这个比喻并不恰当。因为在棒球运动里，一支队伍就算输了，总是有机会进行下一场比赛，而当一个赛季结束了，明年还可以继续打。美国式的消遣里总是充满了生生不息的希望。

感情与棒球相比截然不同。当一段感情遇到了麻烦就再也不会好转，比如所有的计策都已使尽，连圣母玛利亚都爱莫能助时，那就完全没有希望了。你确实可以从中吸取教训，下次恋爱时不再犯同样的错误，但这段感情你只能听天由命。

当然，你或伴侣可能会提议双方再好好谈谈、看心理医生、立规矩来消弭敌意或者解决历时已久的问题，这些都是人的天性使然。尤吉·贝拉[①]可能会同意“有志者，事竟成”

① 前美国业职棒球大联盟的捕手、总教练。——译者注

的说法，但是当事情真的无力回天时，你也不能自欺欺人！

如果想通过某种特权重新开始游戏，那你就有责任自己疗伤，搞清楚到底出了什么问题。然后要么接受现状，要么另起炉灶。反复思考自己做过什么事情完全是在浪费时间，而你要做的是从失败中吸取教训，继续向前。

有些人的爱情存在保质期（参考后文的“你是否知道什么是边缘人”），当失去信任时，感情就玩完了。即便如此，你知道自己并没有做错什么。如果她先爱上你，她会对你着迷，因为比起之前所有的爱人，你那么出类拔萃，不像那些渣男总是让她失望。但是当她发现你也不是圣贤，她就会失望透顶，甚至为此发疯。如果此时你表露出任何愤怒、无法理解或抗议的情绪，她就更加不信任你了。

调查一下前任的过去，你会发现类似的信任危机。第一次可能是由真正的性虐待引发，但之后就会牵连到那些没有性虐待倾向的爱人，你的伴侣却还是把他们当成虐待狂。所以你没来由地就成为了她眼中的虐待狂，但你并非特例。

当你的心渐渐愈合时，要及早发现危险信号，一追到手马上就上床，这样会显得像是救世主，哪怕不是救世主至少也是超人，有一长串邪恶的前任……这样，你就不会在同一个地方摔倒两次。之前就说过，如果恋爱来得很突然、没有任何根据就产生了爱的感觉，那么当它突然结束时，你就不要大惊小怪。

伴侣（通常是男方）引起的问题可能还要复杂：他很爱你，但是也无力抗拒诱惑。如果你是一个善良谦逊的人，那你可能会问自己到底做错了什么，或者是否有自己没有察觉到的问题。你会强烈地希望自己或者心理医生，能从伴侣的过去当中找出问题，或者可以找出他隐藏的愤怒以及潜意识的需求。你觉得一旦了解这些事情，就再也不会有背叛了。可是除非你的心理医生是个天才，否则那种愿望只能落空。

当你真的去寻求一位心理医生时，他要么说你的伴侣可能非常爱你，要么说伴侣注定会背叛你，而且只有好的心理医生才会告诉你这些。

你要决定自己是否可以接受伴侣的弱点，比如花心，要判断他是否承认自己的弱点、是否有决心在将来克服这种弱点。如果他为此辩护，信誓旦旦地保证不会再发生这样的事，那他可能在胡说八道；而如果他说这种弱点很难克服，但却采取实际行动让自己远离麻烦，那他反而可能会成功。最重要的是不要把问题私人化或者想要一劳永逸地解决问题。一旦愤怒开始消退，理性考虑这份岌岌可危的感情是否值得继续。如果想要拯救它，那你就要做好接受残缺爱情的准备。

当然，有时候可能是你自己见异思迁。虽然伴侣不像开始那样对你百般呵护的情况很可能发生，但在感情中逐渐看清对方缺点的时机很重要，尽管这可能让双方都心碎。

当你认真开始一段自己觉得会地老天荒恋情时，你无须为抛弃某人而内疚，更不要时不时地待在她身边感受她的痛苦。审视你的行为，看看自己是否做得对，看看自己当时在想什么。如果你很坦诚，出发为她考虑，那么对方也可以忘记分手的痛苦。

不要为了让前任感觉好点就跟他继续做“普通朋友”，因为很可能他这是在用“曲线救国”的方式挽回你们的感情。请坚决地一刀两断，不管前任说什么，作出自己的判断，不要让他有机会沉湎于过去。你们认知的差异也可能是导致感情无法继续的主要原因之一。

不要试图拯救没有可能或者不值得的感情。尽管这会让你或者伴侣很痛苦，你还是要接受现实、吸取教训。因为只有这样，你才可能在下段感情中做得更好，才可能找到真正的爱情。虽然你可能需要一到两年的恢复期，才能在感情上有所收获，但是你要记住：失败乃成功之母。

快速诊断

无法实现的愿望：

- 不伤害彼此；
- 让美好继续或重新开始；
- 不管怎么伤害别人都毫无负罪感；
- 独自承担修复感情裂痕的大任。

切实可行的目标：

- 哪怕感到痛苦、不公，也不做傻事；
- 用正确的方法沟通，找出自己的错误并进行弥补，然后不断改进；
- 无能为力时要学着接受现实；
- 找到处理感情碎片的最佳方式；
- 下一次更早地发现裂痕。

可以采取的方法：

- 即使受到伤害、被人误解、满怀愤懑，也不显露自己的负面情绪，保持耐心、专注和善解人意；

- 征求朋友、家人的意见，万不得已时去看一下心理医生；
- 列出自己为改善关系而能做的事情，逐件完成，如果做完了这些事依旧无法改变状况时，那就停下来；
- 判断是因为谁的缘故导致了感情破裂。这不是为了指责谁，而是为了确定自己能够做些什么；
- 如果感情也就只能这样了，问问自己是否还想做些什么；
- 寻找方法，在下一次择偶时提升自己的眼光，即使这意味着你可能要单身很久。

你的脚本

面对一段行将就木的感情，你可能会说……

亲爱的：

我不想______（放弃、毁灭、哪怕再忍受一秒钟）我们的感情，但是我试过______（表达感受、闭口不谈我的感受、竭尽所能)，事情却毫无变化。最终我不得不承认我们 ______ (几分钟内、用尽全力、如果再次被逮捕的话)无法挽回这段感情，我不得考虑我们是否要 ______ (一起生活、分开、申请证人保护)。哪怕这样也不能帮我改变这出闹剧，我也可以从中学到了很多，自己可能需要做些事情才能让爱情天长地久，我一定会吸取这样的教训。

你是否知道什么是"边缘人"?

"边缘人"可能听起来像是一个古老而神秘的称呼，它其实也是一个精神病专有名词的简称——"边缘型人格障碍"。边缘人经常是女性，她们会让那些孤独、趋于疯狂的单身男子意乱情迷。

这个称呼最开始是指那些濒临精神错乱的人。其症状类似躁郁症病人，既有激烈的情绪波动，又有强烈的感情。不过，躁郁症的发病周期可能是好几个礼拜，但边缘人的情绪或情感却是分分钟改变。

边缘人面对友情、事业、性伴侣时，动辄就会翻脸。他们多半也有酗酒或吸毒史。他们到处碰壁，来不及细想就反应过激，也无法分辨伤害与虐待之间的区别。

他们与每个人交往（不管是跟朋友还是家人）都表现得战战兢兢。当跟一个把所有想法和感受都当成真理的人打交道时，你应该谨小慎微，因为他们经常会将“我对那人挺感兴趣”很快就变成了“遇见它是我这辈子发生过的最美好的事情，我要马上给他生孩子”。她不会怀疑自己的本能，却会通过不断怀疑身边人的动机来揣测。

边缘人总是会跟人交往。因为对情绪化的女人来说，大多数男人都具有生物学上的吸引力，哪怕他们一点也不性感。毫无疑问，边缘人一开始带来的刺激可能让人难以抗拒。因为她们好像会念咒语，总会让人意乱情迷。这种意乱情迷会让你忽视这样一个事实：你在酒吧遇到的那个有趣的女孩已经不那么有趣了。你不会觉得这个跟你聊了不到十分钟就决定跟你在小巷子里做爱的女孩可不只是“有趣”那么简单，其实她多少有点疯狂。哪怕她仅因为知道你认为她没有塔可钟餐厅[1]出现的那个

① TacoBell，世界上规模最大的提供墨西哥式食品的连锁餐饮品牌，隶属于百胜全球餐饮集团。——译者注

女孩漂亮而想烧掉你的房子，你也不会觉得她有什么不对劲，你只会觉得她在为你吃醋。

最后当你发现这些问题时，你可能已经沉迷于她疯狂的世界里，既当英雄又当恶棍，早已无法自拔，以至于你会忽视下一个女孩身上是否有同样的问题。疯狂，成了你寻找伴侣的新标准。边缘人给你的兴奋让你欲罢不能，你很难拒绝这样的女孩，她们会在澡堂的隔断间里跟你做爱，为了你跟警察周旋，或者把你喝趴下。你确实很难抗拒她的诱惑，直到她杀了你的狗。

所以，男人们，如果你们总是被奔放热情的女人吸引，却不明白为何她们总能把你吓得魂飞魄散，这就是答案。你可能会考虑跟更无聊的、至少也要有人寿保险的女人交往。总之，边缘人有很多面，但她们最鲜为人知的一面就是让男人们都觉得所有女人都是疯子。（当然，除了那些真疯子之外。）

人们可能会认为爱与恨相互对立。其实，二者都是你成为一个好人、做出明智选择时的巨大挑战。爱可能让你忽视自己的需求，让你因为错误的原因爱上错的人，让你因为没有遇到爱情就觉得自己是个失败者。努力经营爱情并不意味着你一定要无止境地付出，这其实意味着，你要确定自己想要从别人和自己身上得到什么，或者自己可以跟什么样的人交往。你可以非常成功地经营爱情，但这需要从痛苦的经历中不断学习，直到你的心灵和大脑一致告诉你：真命天子已经出现。

02 沉默，是最好的回应

许多人相信沟通是促进感情、澄清误会、结束纷争的关键，是解决一切问题的重要步骤。实际上，很多问题的产生并不是源于沟通失败，也不是沟通就能解决的。当你为了解决某一问题而积极沟通却不见成效时，不如闭上嘴巴。有时，“我想静静”好过滔滔不绝地讲话。

F*ck Feelings

“我想静静”是个好习惯。

尽管人们可以用各种方式进行沟通，比如文字、车尾贴或竖中指，但大多数人还是希望自己能够跟别人更好地沟通。讽刺的是，你可以轻松地用一张比基尼照片告诉别人自己在迈阿密的海滩上享受日光浴，却很难用语言向别人解释你为什么对自己的婚姻心灰意冷。

许多人相信沟通是促进感情、澄清误会、结束纷争的关键，只要没发生冷核聚变，沟通基本上能搞定一切。人们认为沟通对于感情、工作或生活都至关重要。这就是人们觉得自己不能更好地沟通时就会去咨询心理医生或商业顾问的原因。

实际上，很多问题产生并不是源于沟通失败。它们更多地是由性格、文化或价值观的差异引起的，差异大的情况下加强沟通反而会适得其反。如果你很擅长外交官式的滔滔雄辩，却发现自己一无所获，那你需要的可能不是改变沟通方式，而是找到更好的沟通主题。

如果别人无法理解你的意思，你不如多花点时间搞清楚为什么沟通无效，因为有可能在这个问题根本就不能沟通来解决。也许你提起的话题并不适合沟通，那么你越沟通反而会带来越多伤害。当你学会何时闭口不言、何时顺其自然、何时要安慰自己不管接下来发生什么自己都无需责任时，那你就知道自己的沟通能力其实有一定的限度。

沟通看起来有无限潜能，但如果你发现自己用文字或语言都无法沟通一些事情时，那你就要接受沟通不是万能的事实。即便如此，那也不是什么世界末日，只不过是某次谈话的终结而已。

亲密关系不只靠沟通来维持

每位网络情感专家都会告诉你：没有沟通你就无法收获

爱情。从某种程度上说，那是对的，向伴侣敞开心扉是爱上他的关键一步。向爱人说出“我爱你”被赋予了太大的意义，以至于你会认为有人会收那三个字的版税。

沟通可能是感情中的重要因素，但它并不万能。确实，若伴侣不和你交流，这可能会让你觉得自己对他不重要。那么，你就会想要通过沟通解决这一问题。但是，经常出现的结果就是，你们互相喊叫着指责对方有多讨厌。

然后，你们会去看婚姻治疗师，这样就可以弄明白，为什么对方不像从前那样与你亲密无间了，至少在听她与治疗师交流时，似乎会让你觉得彼此更亲密了。而那些她只会对治疗师说的话，其实都是一些令人不快的刻薄话，或者是一些完全没有建设性、本就不该大声说出来的话。

所以，尽管沟通很重要，你也不能太过沉迷于此道。奶酪是比萨的重要组成部分，但你也不能加太多，否则你要么会毁了那张比萨要么会毁了自己的健康。

如果你想通过沟通来修复一段千疮百孔的感情，那么可能只会造成更多伤害，特别是如果你的爱人原本就不善言辞，完全不会表达自己的感情，或者他认为那些有趣的感受根本不适合表达出来。

即使是亲密关系也不能强求沟通，特别当你们本来就非常熟悉的时候。一对情侣，哪怕很少沟通，也不妨碍他们感觉非常亲密；同样，即便整天都在喋喋不休地聊天，他们也有可能早就同床异梦了。所以你得接受这样一个事实：在沟通和亲密之间实在是有太多东西不受你控制，你不能根据某些外在表现来判定你们的感情是否甜蜜如初。

不过，你还是应该为自己的能力感到骄傲。因为你重视感情、能够接受其局限性，哪怕这些局限使得你感受不到亲密，或者妨碍了你们分享各自心中的爱恨情仇。

你希望以下事物能够让你们的感情更加亲密，但它们并不能：

- 一个翻译，可以充分传达你的意思但又会自动过滤令人生气的部分；
- 非凡的魅力，使别人信任你，想跟你沟通；
- 一个可以回答“我们为什么就不能和睦相处？”的答案；
- 一个可以监控你说话且只要你大放厥词或言辞过激时会发出警报的项圈。

人们表达的愿望包括：

- 冲破沉默之墙；
- 对别人敞开心扉；
- 找到消除孤独或缓和冲突的话语；
- 创造信任和团队精神；
- 说一些让人开心的话。

下面是三个问诊例子：

问诊现场 I

妻子说我不喜欢和她交流，但我确实不是侃侃而谈之辈。我喜欢谈论体育和商业，而妻子对此却毫无兴趣。我对她最感兴趣的话题也知之甚少，所以当她说起那些事的时候，我压根就插不上话。她说我什么都不表达，认为我一点也不关心她所说的重要事情。我的行为让她感觉非常孤单、非常不满，所以她不想跟我做爱。我想找到一种更好的沟通方式，使她觉得我们的关系更加亲密，这样我们的婚姻和性生活就会回到正轨。

问诊现场 II

我和儿子一直都很亲密，特别在他四岁时丈夫跟我离婚之后。他什么事情都愿意讲给我听，也非常喜欢跟我待在一起。但是几个月前，他好像突然变得沉默寡言起来。他是个好孩子，可他不再对我吐露心声了；每次我问他有什么问题，他的回答都不会超过两个字，大多数时间他都把自己关在房间里。只有被我逼急了，他才会说没什么问题，只是我太敏感了。我想他应该是进入了青春期，没有心思再和妈妈沟通。我知道我越是对此紧追不舍情况就越糟糕，可我只不过是怀念我们曾经有过的亲密无间罢了。我想找回那份母子之间的亲密感情。

问诊现场 III

我觉得自己是个不错的老板，总想让办公室充满欢笑，但是我手下的五名员工似乎并不喜欢自己的公司。虽然他们都精明能干、不辞辛劳，似乎也很喜欢各自的工作，相互之间也很少起冲突，但是他们也谈

> 不上有多少团队精神，这就使得办公室的气氛变得奇怪而又压抑。我正在考虑请一位心理医生帮他们放松下来，并加深对彼此的了解。我想创造同事间的亲密关系，促使他们更好地交流。

向别人分享自己的内心想法和感情很微妙。只有当你非常了解沟通对象且和他在一起感觉十分舒服时，你才能做到坦诚相待，也才能做好随时倾听的准备。有些情侣偶尔一起对着电视吐槽几句，这样的沟通就已经足够了；而有些人则喜欢大段大段的独白，没完没了地说一些鸡毛蒜皮的小事。虽然每个人都有不同的沟通需求，就类似于不同的头发颜色和性取向，但是与人交流以及善于倾听的能力却是人类的共性。

不管沟通能力给你带来欢愉还是苦恼，都不要强迫自己进行沟通。如果有人想要你敞开心扉，而你又不是个健谈的人，那也不要假定沟通是表达感情的唯一途径。很多人——主要是男人——能够现身或者修好马桶就是在表达感情，因为对很多男人来说，他们沟通的主要媒介不是声音，而是行动。

如果你不善言辞，再怎么渴望自己变得伶牙俐齿也没用，因为当你感觉自己应该为伴侣无人沟通的苦恼负责时，你只会更加沮丧。是的，你可能会从心理医生的建议中获益。但是在某种意义上来说，如果伴侣认为你友善的倾听都还不足以表达感情时，那你必须拷问自己是否算得上是合格的好伴侣。

如果伴侣从一开始就知道你不是健谈之人，所以当她觉得自己可以改变你时，那就是她的问题。你无须道歉或者采取防御的姿态，你应该告诉她自己不善言谈为你们的感情带来了什么好处。你告诉她可以选择接受或离开，但你希望她会接受，然后你就可以大胆地告诉她更多的秘密。

如果你与孩子一直以来都亲密无间，突然之间你要忍受他的沉默，这肯定会令你感到沮丧。因为你不仅会怀念从前的亲密，也会觉得缺少那种亲密你就算不上是个好家长。当你的孩子变得沉默寡言时，你完全搞不清楚他是不开心，还是遇到麻烦了，抑或是做了坏事？当然，窥探只会让你更加百思不得其解，也会引发亲子间原本并不存在的矛盾。

与其因为亲密关系的消失而疑神疑鬼，还不如假定这不过是成长的必然阶段，因为青春期的孩子都需要隐私。既然日常的沟通无法让你了解孩子，那就从别的地方搜集信息，比如问问孩子的老师、仔细观察他的日程安排、他的朋友都是什么样……只要稍微用点心，你就可以判断出，孩子突然变得沉默是否说明他有抑郁症或者在学校遇到了问题。

不管哪种情况，都不要因亲密关系的消失而气馁。当你的孩子变得少言寡语时，也不要认为自己不称职。确实，只有非常完美的家长才能步步跟紧孩子的成长，同时又能忽视和隐藏因孩子的沉默而带来的伤心。

你在职场就别指望像在家那样舒服和温馨，但是团队精神可能会激发员工的斗志，为公司带来利润。不管商业期刊和企业顾问怎么看待公司，团队里有些问题他们也无法解决。

有些人能出色地完成工作，但是在团队中找不到乐趣；而有些老板是混蛋（见第四章），因为官大压人，所以他们哪儿也不会去。如果你喜欢公司的同事，那你很幸运；如果你不喜欢，那就辞职吧。

如果你的团队上班时都吹着口哨，那你似乎是个了不起的经理。若你的员工虽然不吹口哨但是会按时上班、及时完成工作，那你就更了不起。

尽管沟通可能会让你们变得亲密，但那并不是变得亲密的唯一途径，而且沟通也不能维系早已不存在的亲密关系。在试图改善沟通方式之前，问问你自己是否有可能变得更亲密或者沟通是否真的有用。你要记住，高效沟通不会带来亲密和友好关系，而是会尊重局限性、避免麻烦以及维护脆弱的和平。

快速诊断

无法实现的愿望：

- 感觉跟你爱的人更加亲密；
- 明确知道别人在想什么；
- 听到你想听的话；
- 自由地表达你的想法。

切实可行的目标：

- 知道亲密和语言在任何关系中都有局限；
- 不强迫任何人滔滔不绝的讲话；
- 当沉默是金时，果断闭嘴；
- 不要给一段感情添加额外负担，比如强迫沟通。

可以采取的办法：

- 客观公正地评价一个人的沟通能力；
- 提高自己察言观色、用非语言信号沟通的能力；
- 学会通过行动而非语言来衡量感情和收获；
- 评估自己忍受沉默的能力；
- 表达感情之前想想自己上次这样做时发生了什么。

你的脚本

当你无法找到能让彼此更亲密的语言时，你可能会对自己或无法与之交流的人说……

亲爱的：

考虑到我们需要一起______（生活、工作、上床、抚养孩子、赡养老人），我希望我们可以更好地沟通，但是我知道你从来不谈______（感情、性、我们的朋友），所以我也就没有理由觉得自己做错了什么。我也注意到，强迫你沟通经常会让你更沉默。不管是什么妨碍了我们沟通，我都会坦然接受，并且尊重我们能够做到的事。

表 2.1 交流禁忌及其原因

永远不要这样说话	原因
知不知道，如果你那样做的话，真的是太蠢了！	只有在按照自己愚蠢的冲动行事时他才称得上是个笨蛋，而你随时都是笨蛋，因为你连自己想要帮助的人都侮辱。想要帮助别人时，永远都不要恶语伤人。
要么选我，要么选你家人，你自己选一个吧！	只有当被抛弃的一方随后会被谋杀时，这才能进行二选一，否则，你只是在将对方逼进愤怒、仇恨的死胡同。
果不其然，我就知道你会说这种话……	实际上，很可能没人会说“这种话”，除非他想堵死自己所有的退路，不然他会保持沉默。
如果你不把痛苦说出来，它会反过来把你吞噬掉。	她的痛苦可能会吞噬你，但那并不意味着说出来就对她最有利，提供帮助跟刑讯逼供可不是一回事。
没错，那件衣服确实让你看起来像个孕妇。	即便面对一位真孕妇，你也不能这么说。如果你真的很想告诉某人她不适合那件衣服，那你得做好接受对方反击的准备——你穿的那套裤装也不咋滴嘛！

说出来就好了？憋着！

独自承受伤痛很困难，而看着你在乎的人承受伤痛同样很困难。当他被噩梦惊醒、焦虑地度过每一天、不断地与负面情绪抗争时，而你却爱莫能助时，这会让你感觉自己一无是处。

我们通常认为，说出内心的恐惧就可能会稍微得到一点解脱，就如同幽灵暴露在阳光下就会消失不见一样。但是，不管电影和书本怎样演绎、叙说，造成伤痛的那些记忆不会轻易地随风而逝。而且当人们真的说出内心的恐惧时，这反而会让他们感觉更加无助。所以，不要强迫遭受伤痛、恐惧的人分享他们的故事，除非你确定这样做会让他们的自我感觉良好。

其实，有些伤痛根本无法彻底治愈，不论是通过分享、深度催眠还是教科书般的复仇行为。有些治疗方法可能会缓解伤痛，有些可能有助于你忍受伤痛，但世间确实没有屡试不爽的“伤痛橡皮擦”。如果你在承受着旷日持久的伤痛，千万不要假定这是自己没能敞开心扉的缘故。请为自己的神经系统点赞，因为它不仅有非常灵敏的预警机制，而且还能忽略脑海中那些恐怖的预言。

你可能永远也无法关闭神经系统，不管是通过倾诉还是力劝别人分享伤痛，但你可以学会遵从自己的需求、兴趣，不管你要经历怎样的焦虑或者要见证多大的痛苦。

你希望以下事物能帮你摆脱伤痛带来的困扰：

- 一副能屏蔽思想的耳塞；
- 一台能让人整夜昏迷的白色噪声机器；
- 一种能让你感觉非常安全的治疗方法；
- 一位已经死去的朋友的到访（尽管当你意识到他是鬼魂时可能会吓得魂飞魄散）。

承受伤痛的人的愿望：

- 在被失眠逼疯前可以睡着；
- 从痛苦当中恢复过来；
- 不必借酒消愁；
- 不要因为自己的忧愁和沉默而吓到家人。

下面是三个问诊例子：

问诊现场 I

从初中开始我就患上了抑郁症。十几岁时我常常用刀子划伤自己，上大学后也经常因为自残而住院。

经过各种治疗，我过上了相对正常而幸福的生活。老公知道我的过去，但直到几年前我才告诉他，我之所以会抑郁是因为小时候被继父性骚扰过。他本来一直都很支持我，但是一年前当我经历了一次长达6个月严重的抑郁期时，从那以后，他就开始念叨说我明显需要加强治疗，因为我还没能真正直面内心的恶魔。我确实需要克服严重的抑郁，但是只要想到他责备我逃避问题、逃避治疗，我就非常气愤。我想让他接受自己现在不想与人沟通的现实。

问诊现场 II

老公从阿富汗服役回来后，就好像变了个人似的。他经常做噩梦，整个人很抑郁，也不愿意和我交流。当我们走在人群时，他会变得非常神经质。他说他知道自己可能患了PTSD（创伤后应激障碍），而且他跟几个亲密的战友交流过这个问题，他们也都去看过心理医生了。但他觉得这根本没用，因为他认识的那帮人已经无药可救了。我只是觉得他不想面对伤痛，不想排队去看心理医生，不想把药当饭吃。他很痛苦，我认为如果他把心事说出来可能会好受一点。我试着让他对我敞开心扉，特别是在病情发作时。可是每当我逼迫他的时候，他都会恼羞成怒，然后完全闭口不言。我想让他与心理医生好好沟通，得到一点解脱。

问诊现场 III

处于青春期的儿子从小就讨厌上学，但他一直是个天真烂漫的孩子。直到一年前，他开始跟一些坏孩子混在一起，每次回到家都喝得酩酊大醉，而且大多数时候他都怒气冲冲，如果妻子和我跟他四目相对或者问了句“没事吧？”，他就会火冒三丈。他和以前变得不一样了，但我们却不知道是什么在困扰他，他也不愿意跟我们去看心理医生。我们觉得很无助，尽量不去惹他。我想知道怎样才能让他敞开心扉，也许这样可以修正他的行为和脾气。

本能可能会告诉你——问题越严重就越需要沟通，千万别相信你的这种本能。有时候，沟通可以疗伤，但更多时候却会适得其反——让原来很快就会愈合的伤疤，再次被无情揭开，血淋淋的伤口再次暴露出来。

对于治愈伤痛，人们都有自己的方式。也许沟通是最适合你的方式，但也可能会让别人血肉模糊。更糟糕的是，沟通还可能会让他们被“交叉感染”（被多种伤痛袭击），然后受伤者更加难以过上正常人的生活。请用你的经验和常识来判断，有些伤痛是否需要公开，如果公开是否能取得积极的效果。当你知道自己已经竭尽所能，沟通也无益解决问题时，那就准备好采取下一步行动吧。

很多被虐待过的人都会患上抑郁症，虽然这并不一定会带来持久的伤痛，但是跟一名出色的心理医生或有爱的配偶好好沟通也不一定就能让问题迎刃而解。抑郁症不断复发并不意味着沟通无效，只能说明某人运气不好而已，但你最终要接受这个事实：大多数严重抑郁症患者，都需要求助于他人。

如果你是一位已经痊愈的抑郁症患者，好好照顾自己，尽量减少复发的风险。如果抑郁症有复发的苗头，你可以忽视它们然后做自己的事，你会为自己感到骄傲。因为你在感觉不太好的时候还在坚持工作、坚持为人父母的责任、坚持跟朋友玩耍。

如果亲近的人患有 PTSD，那么你可能难以承受他们的痛苦和沉默，特别是当你是一位非常敏感且渴望沟通的人时，对方的沉默只会让你抓狂。当你知道他们已经尝试了多种疗法，千万不要再认为他们的病症源于缺乏沟通。

确实，一段亲密关系中，你会不自觉地选择与伴侣一起承担痛苦，那本来就是婚姻的一部分。如果你真做不到看着配偶疾病缠身而又无所作为，那就问问自己是否结束这段婚姻。如果答案是否定的，那就学会忽视配偶的痛苦，学会忍受孤独。你要知道，被痛苦缠绕的另一半很难给人陪伴感。你要不断提醒自己这不是个人问题，你有权利选择孤独，而且在忍受孤独方面你已经做得很好了。

如果你觉得沟通能够帮你弄懂某人到底为什么开始嗑药酗酒，那就要做好失败的心理准备。因为他的问题可能由伤痛引起，单纯的沟通并没有什么用，而坏习惯一旦养成，只会加重他的伤痛，不管你多支持他。试着好好地与对方沟通并没有什么错，但那其实不过是分散注意力和拖延的借口。如果问题发生了变化，你的方法也必须随之改变。

当他开始戒毒戒酒后，与他沟通伤痛问题和使用其他治疗方法，这样会有所帮助。但记住，沟通本身并不会让他戒毒戒酒。如果他想通过嗑药酗酒来治愈伤痛，那他必须承担戒毒戒酒的后果，比方说附加的 PTSD 症状。

不要妄想用沟通来缓解伤痛，深层次的精神伤害可不像足癣那么容易摆脱。如果你或伴侣已经多次尝试“沟通治疗法”，那就接受这个事实：不论沟通有多少好处，它也不是解药。现在，是时候学会如何承受痛苦和处理症状了，这样才可以痊愈。

快速诊断

无法实现的愿望：

- 通过沟通来治愈伤痛；
- 相信正确的话可以控制你的病情；
- 不管自己状态如何，都不会感觉孤单；
- 朋友和伴侣总是能够容忍你的某些症状。

切实可行的目标：

- 不管是否发病，都知道自己对于沟通感情的反应；
- 只有当你觉得沟通对病情有好处时，再与别人交流；
- 接受有些症状是永久而客观的事实。

可以采取的办法：

- 尝试不同的沟通疗法；
- 过度沟通时保持冷静；
- 不管症状有多严重，你都继续工作，与朋友、家人交往；
- 让人们知道你沉默并不是自己生气了或者不同意他们的看法，只是某些病症又复发了；
- 选择能够容忍自己症状的朋友。

你的脚本

当你因为伤痛症状无法交流时，你可能会对自己或无法忍受自己的人说……

亲爱的：

当我发现自己毫无来由地______（心神不宁、感到害怕、不想说话），并且只记得恐怖的______（事情、人）时候，我常常思考自己做错了什么。虽然我变得______（沉默不语、自欺欺人），但又能同时维持好自己的______（工作、家庭），所以我并没有被自己的病症击倒。我非常骄傲。

你知道怎样跟阿斯伯格综合征[①]患者进行沟通吗？

比起年龄、文化、性别的差异，自闭的心灵才是沟通最难跨越的那道坎。《精神疾病统计诊断手册》里可能已经没有收录阿斯伯格综合征，但它仍然是一个标签，用来指那代些智力水平超群但不善交际的人。他们识别和回应感情的能力远远低于常人，因此只能运用基本的“嗨，你好吗？”进行交流。

这并不意味着阿斯伯格综合征患者就跟机器人或者斯波克[②]（Spock）一样冰冷。其实，他们有很多种感情，也会热烈地爱上别人，但在一些特定时刻，他都更倾向专注于自己手头上的事情，而不想被迫改变习惯。

① 阿斯伯格综合征（AS）在分类上与孤独症同属于孤独症谱系障碍或广泛性发育障碍，具有与孤独症同样的社会交往障碍，局限的兴趣和重复、刻板的活动方式。但它又不同于孤独症，与孤独症的区别在于此病没有明显的语言和智能障碍。——译者注

② 斯波克是电视剧《星际迷航：原初系列》的主角之一。他是该剧长期角色中的唯一一位外星人（半人类半瓦肯人），在詹姆斯·T。柯克上校担任舰长的“进取号”星舰上担任科学官及大副。——译者注

所以你可能会觉得他不在乎你，因为他只顾着解决问题或看电视，连抬头看你一眼或对你敷衍一笑的时间都没有，他甚至都不记得你们约好要一起出去吃晚饭。实际上，他可能非常在乎你，但是他的脑子总是忘不了手头上的工作。如果你逼得太紧，他会朝你咆哮。如果你对他的吼叫表示很受伤，那他的脑子肯定会一片混乱，然后你们的沟通会变得更加困难。

如果仔细观察，你会发现他也有很多关爱你的举动。但是，若你无理取闹地分散了他的注意力，他肯定会对你发脾气，那你就注定会感觉自己被伤害、被侮辱、被忽视了。换言之，如果你可以稍微收敛一下渴求对方回应自己情感的需求，同时用温和的方式提醒对方不要那么执迷于工作，那么与他沟通起来就会非常简单。

要让阿斯伯格综合征患者变得健谈，第一步就是谈他感兴趣的话题（比如他正在负责的项目或正在玩的游戏）。如果你想知道更多有关他的信息（比如他今天过得怎样或者他明天想不想去看电影），那就趁他不忙时提出来吧（比如在他睡觉前一秒、吃完晚饭后或者在他上洗手间的时候）。如果你尊重他的专注点，他还是会非常高兴的。

只要尊重你们各自的空间，避免谈论他的无心之失让你有多么伤心（因为阿斯伯格综合征患者会觉得你的伤心很莫名其妙），那你们之间的沟通就容易多了。

行动是最好的劝说词

我们谈论愤怒时总是那么小心翼翼，好像它随时会爆炸一样。面对愤怒情绪，大多数人认为要么通过沟通来化解，要么任其爆发。实际上，用这两种方式处理愤怒会得到同样的结果。沟通经常会让人爆发愤怒情绪，而爆发之后，我们则会倾向于找专业人士帮忙（比如心理医生或擅长调节情绪的人），他们可以引导我们发泄愤怒，同时又能很好地控制其破坏力。

与此同时，我们认定持续生气对身体不好。于是，很多人建议情侣们睡觉前把问题说开来，但他们经常会吵得更凶，然后心力交瘁地入睡，愤愤不平地醒来。说实话，我们想让某人按照以她做不到的方式去改变，是引发愤怒的主要原因。

所以愤怒时与人进行沟通也许并不是个好主意。发泄愤怒前，问问自己沟通到底能否有帮助。其实，沟通只会再激起一场风暴，对化解愤怒根本没用。

你要记住，不管人们怎么看待发泄愤怒，反正没人会因为抑制怒火而死去。相反，有很多人因为发泄怒火而惨烈地死去。

表达你的愤怒本来应该有以下作用，但是没有：

- 说服惹恼你的人进行改变；
- 深刻理解别人的观点，这样你就不会恨他，也不会逼他太急；
- 每次发泄后都有爽快的解脱感和富有禅意的平静。

人们表达的愿望包括：

- 能够表达批评和不满而不产生争执；
- 不那么讨厌某人，毕竟抬头不见低头见；
- 尊重别人的感情；
- 宣泄心中的怒火。

下面是三个问诊例子：

问诊现场 I

爆发前一定要吐槽一下父亲。多年来我一直非常讨厌他，因为小时候他总是虐待母亲和我。十年前，他戒酒后一直表现得很好，所以我就尊重母亲的意愿，对他很客气、并忘记过去，努力保持家庭的完整。尽管我一直都默不作声，可我还是受不了跟他待在一起，我不想跟那个混蛋生活在一个屋檐下。我觉得自己说的全是事实，在被逼疯跳起来杀死他之前，我也应该得到一点解脱。我想让他知道我的想法，这样我就无须始终克制自己的怒火了。

问诊现场 II

最近，丈夫老是跟我抬杠。我们在很多问题上产生了分歧，比如我想让他在家里多待会儿，他却想让我少批评他一点。争吵似乎永远无法解决，也许还有更大的问题没有解决。因为我们没法坐下来心平气和地谈一谈。我想让他跟我一起去看家庭心理医生，这样就可以直击问题的根源，杜绝争吵，但他居然说心理医生会偏袒我。我想找到一种办法，能让我们合理地发泄怒火，这样我们才能更好地相处。

问诊现场 III

在公司的前五年，我只能忍让克制那个有种族偏见的老板，因为我需要这份工作，而且我当时很年轻，也不想变成“愤怒的黑鬼”，不想毁掉我的职业生涯。光阴似箭，我工作很努力被提拔到另一个分公司，尽管我还是很讨厌老板。如今，我已经成家立业了，也很喜欢现在的工作氛围。但是，每当看着我的女儿，我都很后悔当初没有表明自己的立场。我对自己非常失望，因为我没有给女儿树立一个好榜样，没有努力让她的世界变得更加美好。我认为不应该纵容种族歧视，而且允许别人频繁地惹你生气而不发泄出来很不健康。我想勇敢一点，在愤怒和悔恨把我吞噬之前让以前的老板知道我的想法。

对自己隐忍怒火的行为感到担忧，通常都合乎情理。当你在决定勇敢抗争或装疯卖傻时，先思考一下别人在爆发之前可能会发生什么。不要假想你表达清楚了自己的想法，或者调节好了自己的情绪，在不导致讨厌结局和不增加周围人抱怨的前提下，先判断一下这样做是否可行。必要时可以咨询朋友。

如果让你恨之入骨的人是一位有缺点的家长，那就问问自己想从他身上得到什么，把他的失败也考虑进去。其实，你通常都得不到他的道歉，你也无法改变过去。大多数情况下，他给你的回应是源源不绝的抱怨声、畏畏缩缩的逃避态度或毫无道理的否认，而这只会让你更生气，同时还会让你们的关系变得更差，虽然你的本意是减少他对你的影响。不幸的是，真正的混蛋是不能控制自己的行为，也没有什么能阻止他们做爱生孩子。

不要因为决定是否原谅混蛋家长而烦恼，因为原谅一个没有自控力的人根本就毫无意义。因为接受混蛋就是接受生活的不公，也就是接受你自身性格的缺陷，而这些缺陷很可能是遗传自你父母。所以，与其尝试让一位不称职的家长明白他做错了什么，还不如想想你和另一位家长做了什么让自己感到高兴。请为自己而骄傲，因为你能够为了家庭稳定而选择闭嘴。运用成人的权威和经验驱逐愤怒情绪，任何关注混蛋家长的举动都是在浪费你的时间。

如果你希望解决夫妻之间争吵不休的问题，那么关注自己愤怒的原因，或者让配偶了解自己有多讨厌都无济于事。我们在 F*ck Feeling 的网站上已经说过很多遍了，夫妻间解决问题时的发泄就像放屁，虽然它能够让发泄者暂时得到解脱，但会污染辐射区内所有人的空气。

如果斗嘴只会引发更多的争吵，那就试着闭嘴，然后主动与心理医生沟通，确定自己想要什么，看看是否有更积极的办法能进行协商。因为配偶的说话或者做事方式有时确实会把你逼疯,而且他永远也不会改变,所以谈论“改变配偶的行为”这一话题总是会带来失望和尴尬。但是，积极的协商也需要正面的言辞，这意味着你不仅要克制自己的怒火，同时又要描述一些能让双方生活变得更美好的简单改变。因为这样才能让配偶明白，你很珍惜你们之间的感情。

如果你的怒火是源于社会不公，比如种族主义，那么攻击坏人可能只会加强你跟他们的联系。记住，你不需要证明自己的勇气。你每天都去上班，为了挣钱养家不得不承受被侮辱的危险，你已经够勇敢了。

只有当你觉得胜券在握时，才可以和种族主义者抗争，否则，保持沉默，选择尽快抽身逃离。反抗种族主义的超级英雄不仅善于战斗，也很擅长保护自己。不要因为愤怒而有暴力行为，你要知道，大多数争取公民权利的斗争都是通过和平方式而取得了胜利。

如果你最希望说服某人，那就不要使用愤怒、生硬的言辞，你应该遗憾地描述事实：种族主义者的行为将会产生毁灭性的影响。你无须隐藏自己的愤怒，但抑制怒火确实能够体现出你的理性，还能帮助你号召更多的人加入这项事业。

如果你认为沉默比控诉更好，这并不说明你就是个懦夫，而是因为你有更值得追求的目标，比如说维持家庭的稳定、维系感情或者保留自己谈判的权利。如果你脾气暴躁，疾恶如仇且容易感到受伤，那你在恶人面前就很容易屈服，而你没有屈服的话，那你就表现得很英勇。

快速诊断

无法实现的愿望：

- 从愤恨的情绪中解脱出来；

- 关爱每个人，希望他们一切都好；
- 不说下流话；
- 不说那些虽然公正合理但会引发争吵的话。

切实可行的目标：

- 知道何时表达负面情绪会带来更多负面情绪；
- 培养自己克制负面情绪的能力，同时又能为更广大的目标而奋斗；
- 培养愤怒时的谈判技巧；
- 培养愤怒时反击的技巧。

可以采取的办法：

- 承认并接受自己的愤怒；
- 寻找实事求是且值得奋斗的目标，而不是表达愤怒或者一味挑衅；
- 保护自己不受伤害、侮辱和挑衅；
- 火冒三丈时学会谈判；
- 掌握必要的冷战技术。

你的脚本

关于不该表露的愤怒情绪，你可能会对那些混蛋或惹你生气的人说……

亲爱的：

我希望自己告诉你，你有多 ______（卑鄙、恶毒残暴、恐怖），但我不会。我们有 ______（很多、一些、唯一一个）理由一起 ______（工作、生活、共享同一片蓝天），我很想改善我们的感情关系。如果我偶尔在结束交流时表现很生硬，那只是我 _____（要走了、讨厌你）。跟以前一样，我还是希望你一切都好，早点 ______（得到和平、下地狱）。

你永远都无法叫醒一个装睡的人

如果你觉得自杀并不是件好事，那么当看到某人要自寻短见时，你肯定会上前劝她停止愚蠢的行为。这种行为可以阐释一个观点：如果我们知道自己是对的，那么我们就有做好事的冲动和执行力。

跟训练有素的人质谈判代表或危机顾问相比，一般人的谈判能力都非常平庸。当生硬的常识性沟通不管用时，我们通常就会不停地重复，并且声音会越来越大，还会非常愤怒。因为我们的潜意识认为那样做可能会引起别人的注意，从而改变对方，但这并不是改变别人的好办法（特别是对于成年人，不管他们的想法有多愚蠢，反对的声音越大，他们的立场反而会越坚定）。

如果提高嗓门大声咆哮不管用，我们就会展现第二本能，拼命给对方洗脑，比如“只要听我的话，你就会感觉更好”。但是，哪怕我们是承诺包邮的销售天才，还是会有很多人像无视电视购物那样干脆利落地无视“推销”。

让人最难以接受的是，哪怕我们是训练有素的说服者，我们也完全相信自己的鬼话，别人也很可能对此充耳不闻，而无法成功说服别人会让我们有种挫败感。当别人无视你的劝说时，与其试图变成一个更好的沟通者，不如老实地评估一下自己是否清楚地表达了观点。如果是，那你最好远离自杀现场，不要再自找麻烦。

你要相信，生活最终会证实你的观点。如果缺乏沟通并没有让你感到痛苦和愤怒，让你只能说出“我早就说过”，那么美好的事情总有机会发生。

不管怎样，每次处理危机谈判时都希望你能全力以赴。如果有人无视你的劝告，选择我行我素，那就随他去吧，因为你已经做了自己该做的事情。如果他失败后还能活下来，再帮他重拾生活的勇气吧。

当你无法让别人理解自己的观点时，你希望拥有却没有的能力：

- 制造幻象的能力（如果需要还能让某人消失）；
- 不断更新的PPT，会证实你说过的每句真理；
- 曝光任何人的能力，不管是逼哭他们还是送他们一辆车。

人们表达的愿望包括：

- 让某人意识到她在对自己做些什么，并阻止她；
- 让某人弄明白她给别人带来了什么样的伤害，并阻止她；
- 让某人明白自己只不过是想帮忙；
- 让某人明白自己是个好人。

下面是三个问诊例子：

问诊现场 I

我想让妹妹明白，她一次又一次地回到残暴的酒鬼老公面前无异于自寻死路。几乎每个月她老公喝醉时都会狠狠地打她，然后她就会带着孩子哭着跑到我家，并发誓绝不会回到那个家。但是，当那个酒鬼带着哭腔地给她打电话，或者带着花和快餐上门来给她道歉，并且信誓旦旦地说自己会改正时，她就会心软跟他回家。她觉得自己的出走会让这个家变得支离破碎，她会感觉很内疚。我想知道到底要怎样说才能让妹妹明白她老公就是混蛋，她急需打破这个怪圈，不然她会后悔终身。

问诊现场 II

当公司要进行全面审查时，老板从所有员工那里得到了反馈，我本以为公司会朝积极的方面发展。这对我们员工来说是个千载难逢的好机会，因为我们可以匿名向他提意见，告诉他，我们都认为他是个恶霸，而且不善沟通。不幸的是，他现在却较起真来了。他把员工们召集在一起，让我们坐下来解释什么叫“不善沟通”。虽然他说这样是具有建设性的举动，但是我们都非常肯定，他不过是想准确地知道谁说了他的坏话，然后进行打击报复。办公室的气氛很诡异，人人自危。我想找到一个温和有礼的办法让老板知道他有多么不公正。只有这样他才会严肃地看待审查，改善他的工作方式，不会毁了我的工作。

问诊现场 III

老公的体重严重超标，爱吃垃圾食品，而且还从不锻炼。哪怕你不是医生也能知道他有患心脏病和糖尿病的风险。我希望他能减肥，或者先去体检一下，让医生来做决定，可他就是不愿意照做。如果我试着鼓励他注意饮食或者坚持饭后去散步，他就会骂我是个混蛋，误解我嫌弃他是个胖子。若我解释说是因为他是我们家的依靠，怕他有什么不测，他就会冷冷地说我是小题大做。我似乎没法让他明白我的良苦用心，我想找到合适的言辞让他明白减肥对于他来说是多么重要。

当无法说服某人做出你认为是性命攸关的改变时，那就不要逼得太紧，不然他最终会被你的愤怒吓跑。你要承认自己没有那么大的能力，包括拯救和保护的能力，而且你应该耐心地解释要求他做出改变的原因，而不是歇斯底里地喊叫。

当你试图说服某位在婚姻中受到虐待的人逃离时，千万不要攻击施虐者，因为他毕竟是受虐者深爱的人，你要尊重受虐者的爱情，尊重她想要拯救感情的期望。不管你觉得受虐者的感情如何糟糕，她都只会觉得那是自己的唯一。

与其告诉受虐者她的丈夫是个人渣，不如告诉她那些施虐者会丧失爱上别人的能力。起初，受虐者会认为自己的爱肯定能抚慰施虐者的痛苦、熄灭他的怒火。最后，她会发现施虐者的人格没有任何问题而且不需要任何帮助，他只是对爱过敏，被爱吓到。受虐者热烈而忠贞的感情让他感到害怕，然后会因此而痛苦和愤怒，以至最后就有了暴力行为。

当提醒受虐者珍惜自己的爱时，也要提醒她注意不要让家人受到伤害。你要向她灌输“你很优秀”的观点，告诉她，她一定能找到一个情绪稳定且没有暴力倾向的新伴侣，重新收获幸福的爱情。也许这些话为时过早，但至少能让她找到一位能够积极回应爱情的人。这是在帮助她自己，从长远来看也是在帮助对爱过敏的施虐者。

如果某人突然请求你向他提出建设性的批评意见，而他平时并不能做到虚心纳谏，那么你在说出他的缺点之前，好好评估一下自己将会承受的风险。哪怕他非常真诚，且对爱不过敏，他也可能对批评过敏，所以他可能会忍不住报复你。不管你多么真挚或者多么渴望对方能有所改进，都不要说一些会给自己惹麻烦的话。要知道，你的能力有限，被你指出错误的那个人没准会恼羞成怒。也许你的能力不足以保护自己，但你有责任保护自己不受伤害。

如果你知道建设性意见可能会让自己被炒鱿鱼，而不是让老板虚心接受，那就选择闭口不言；如果你一心只想着解决问题，那很可能连工作都保不住。

说服某人改变不健康的生活习惯，开始时对方可能认为你多管闲事，特别是当你需要他保持健康的时候。因为这些都是长年累月形成的坏习惯，你必须不断唠叨，才有可能让他有所改变。但是，你的唠叨可能会产生消极作用，因为对方会认为你的批评让他感觉很无助，从而更加无法改变生活习惯。

与其批评他的生活习惯不健康，还不如用行动督促他养成好习惯，但千万不要擅自进行惩罚。你完全可以在合适的时机进行重要的价值导向，比如当你负责采购食物时，你可以拒绝购买垃圾食品；当你在家时，把所有零食都锁起来，如果他按时锻炼，那你就可以给他一点零食作为奖励。

你不用为别人的坏习惯负责，但你可以尝试用物质奖励来促使他养成健康的习惯。不管哪种方法，也不管他的改变是否如你所愿，重要的是都要按照你的价值观行事。同时你也不要因为自己的努力失败了而倍感沮丧，因为你已经尽力了。为了让劝说的效果实现最大化，你必须知道何时该据理力争、何时该死缠烂打、何时该转身走开。

快速诊断

无法实现的愿望：

- 掌握能说服任何人的真理；
- 可信度超高，不用你恳请、推理或讨价还价别人就会相信你；
- 心灵控制术，当别人无视你的警告时，你能操控他们做该做的事。

切实可行的目标：

- 认识到自己没有劝服任何人的超能力；
- 提出好的论点（哪怕对方充耳不闻）；
- 处理其他更重要的事，不管有没有成功说服，相信自己已经竭尽全力了；
- 对于那些别人因为听了你的劝告而造成了本可以避免的伤害，你要知道自己不用承担任何责任。

可以采取的办法：

- 假定理解障碍都不是故意为之或者动机不纯，而是由于人们无法抵挡愿望和需求的驱使；
- 忽视故意的、动机不纯的语言攻击；
- 让人们反思他们的价值观以及行为会有怎样的后果，不要只盯着痛苦、感情和希望；
- 如果有机会，把危机变成教育的机会；
- 说服别人做他们希望做的事；
- 为自己的努力而骄傲，哪怕结果不如意。

你的脚本

对于那些非常需要你的建议，但又出于某种原因不接受你建议的朋友或家人，你可能会说……

亲爱的：

我觉得你即将______（大难临头、被耍、倒大霉、死翘翘），但是我知道你根本无法控制住自己，因为你______（患有严重的ADD[①]、被爱冲昏了头脑）。我不会试图______（说服、欺负）你，我只想问，你一生中最重要的是什么？现在的所作所为是会帮你实现愿望，还是会把你送进______（急救室、警察局、太平间）？如果你愿意，我可以跟你分享提高自控力的方法。如果你只想静静，我也可以走开。

① 即注意缺陷障碍，医学上属注意力不足过动症（Attention Deficit Disorder）中一类，最主要的症状是频繁地、不自觉地走神。但这并不是说ADD患者就无法集中注意力，他们只是不能决定集中注意力的时间和场合。——译者注

表 2.2 交流特定信息时最好和最差的方法

信息	最好的方法	最差的方法
你想告诉某人她犯了一个错误。	私下跟她当面说，不责怪她的选择，而要鼓励她试试另一种方法。	给对方发送一个包含生气或便便表情符号的短信。
你想帮某人走出痛苦的经历。	约他出去吃饭，或打电话跟他聊天；如果你跟他不熟，寄张漂亮的贺卡也行。	在脸书上表示“对你的（私密的）事深表遗憾！我会支持你！加油！”
你想警告某人她的行为不利于健康。	不要干涉她吃蛋糕，而是主动邀请她一起去远足，一起吃健康的食物。	在她朋友圈里所有美食照片下面，发表评论说甜食吃多了容易得糖尿病。
你想要结束一段感情。	要么在一个能够保证自己安全的环境当面告诉对方，要么在一个安静私密的地方打电话告诉他。	在繁华商业街的室外超大屏幕上打分手广告——“我们玩完了”，而这种场合一般都会放些类似于“嫁给我吧”的求爱宣言。

如果你只是将沟通当成解决问题的一种办法，而不是消除所有争端的法宝，而且还能控制自己操纵他人的欲望，那么你的调解能力肯定会提高。抛开自己的消极意见，想办法让别人明白他们的选择是多么愚蠢。这简直就是调解人、父母以及心理医生最想看到的，因为这样他们就有事可干了。

但是，不管你多么善于用沟通解决问题，自己的能力总是有限。我们迟早都会遇到比中东局势还复杂的问题，那时你要知道自己已经尽力了。你的努力值得尊重，但有时候，最好的回应是沉默。

03 当你发现自己养了个熊孩子

为人父母者，有时觉得生孩子是此生最幸福的决定，有时又感觉这是最大的错误。当你的孩子“翅膀硬了”，敢和你针锋相对时，你可能觉得这个“最大的错误”更加明显了。遗憾的是，作为父母，你永远无法修正这个错误，只能将错误带来的伤害减到最小。

F*ck Feelings

哈哈，熊孩子有“熊基因”。

为人父母者，有时感觉生孩子是此生最值的事情，有时又感觉这是此生最大的错误。因为，父母也不能保证自己一定能给孩子带来幸福。生孩子不仅关乎生命的循环，还关乎生活基本的不公平——不管父母再怎么努力，孩子还是有可能变成一个难缠的、让人头痛的熊孩子。

熊孩子是怎样产生的？决定因素包括基因和大脑神经布线，即其中一部分源自他们的父母。但父母也是无法控制基因遗传。若父母想要控制自己遗传给孩子的某些特质，那只有一个方法——避孕。但这样一来，前面所有的结论都会被推翻。

于是，有的父母认为孩子出现了问题，就是自己的错。如果你为了拥有一段美好永恒的经历，才想要生孩子，那还不如去文身——文头海牛，海牛上再文头独角兽，再文只海豚骑在独角兽身上。这个图案会伴你终生永不变心，而且能给你和整个世界带来欢乐。

所以，在因为生儿养女的错误而崩溃之前，或者在试图解决问题却忙中添乱之前，你应该停下来想想自己能控制什么。作为父母，你的目标不是解决你跟孩子的问题，而是弄明白哪些问题可以解决，哪些永远也没有解决之道，这样你和孩子才不会都被逼疯。

当然，如果想弄明白作为父母的你可以解决哪些问题，你就需要不断试错。当发现无法解决的问题时，不要一而再再而三地尝试了。相反，你应该接受自己的无能为力，同时保持斗志。

请尊重那些能解决问题的父母。而对于那些生了熊孩子却依然有勇气继续向前，并且不管怎样都接受熊孩子的父母，你也要保持最高敬意。请记住，为了孩子确实值得付出一切，但那经常也是一种折磨，因为在孩子成长的过程中，你会经常跟他们说“那不公平”。

孩子这么小，你却想得那么多

人们喜欢说分娩就是一个奇迹，但是用已故喜剧演员比尔·希克斯（Bill Hicks）的话来说："生孩子就跟吃东西排便一样，都是奇迹。"不管是生孩子还是吃喝拉撒，都不过是人类的基本生理功能。用奇迹来形容，恐怕有些夸张。

也许正是"奇迹论"才给新生儿的父母施加了太多的压力。每个有关他们宝贝孩子的决定都会让他们困扰不已，从怎样给孩子接生（在浴缸里、在圆顶帐篷里、在医院里、顺产、剖宫产等）、上什么样的幼儿园到该不该让孩子看电视、玩游戏……

新生儿都很脆弱，而前几年的发育对孩子的一生都有重大影响，所以理所当然应该重视他们的健康。谨慎的父母养育的孩子可能会更健康，而且还会掌握更多技能，但是过于小心的父母却会把自己和孩子逼疯。其实，不管现代医学如何更新有关儿童发育的知识，父母或者医生都没法控制孩子与生俱来的优缺点以及许多隐性疾病。

我们感觉自己肩上的责任越来越重，但这并不意味着我们应该对结果有越来越大的掌控力。其实，我们只不过是多掌握了一些预防疾病的知识。所以，不管你是凭着本能还是出于控制欲，都不要觉得自己应该为孩子负责一切。

与其因为养育孩子惊慌失措，不如仔细研究育儿经。多读一些由专家撰写的实用育儿书籍，同时与你的父母聊聊有关养育孩子的问题，然后仔细回想自己小时候受过的教育哪些有用，哪些无用。

父母做的很多决定肯定对孩子有影响，小到给孩子取什么名字，大到读哪所小学。但你不要因为害怕错误的决定有可能对孩子有害而心神不宁，你要冷静地评估每个决定的风险和好处。那样，你和孩子都会生活得更加轻松。如果你收入不菲，那就给孩子买最好的婴儿车，买最好的有机牛奶，买舒适的婴儿床等。其实，无论你可以一掷千金给孩子买什么，你都不能完全阻止厄运发生在孩子身上。

不要因为生了一个健康的宝宝而沾沾自喜，而要为自己能够竭尽所能在不安的世界里促进宝宝的健康成长而骄傲。当不管你怎么努力事情还是进展不顺时，要为自己加油。分娩可能并不是奇迹，但在风雨飘摇的生活里，你还能成功地养育一个健康的孩子，那才是真正的奇迹。

父母都希望自己有以下资源能保障孩子健康成长，但是却没有：

- 分子安全套，让自己的小孩免受所有遗传病的伤害；
- 一个巨大的塑料气泡，能保障怀孕时没有风险；
- 配偶也是禅宗大师；
- 高超的分娩技术，不费时，也没有大风险。

人们表达的愿望包括：

- 确定胎儿健康；
- 分娩转变成一次安全、庄严的经历；
- 确保母乳喂养进展顺利；
- 立即跟小孩子建立积极的联系；
- 确保孩子健康成长。

下面是三个问诊例子：

问诊现场 I

我非常重视孩子的健康，已经到了有点病态的地步了。我知道母乳喂养有多么重要，但是出于某种医生和我都无法解释的原因，我就是没有奶水。我花了两周时间催奶，那段时间女儿因为没有奶吃而不断哀嚎，我非常痛苦，但最终我还是放弃了，开始给她喂奶粉。我知道这样做也是逼不得已，但我还是忍不住地担心女儿的免疫系统是否会因为没有母乳而受到影响。我认识的所有妈妈都很嫌弃我的决定，就好像我是个战犯一样，可我还是毫无办法。我总是认为自己作为一个母亲已经输在了起跑线上。我想让自己不要因为没给孩子喂养母乳而感到沮丧和自卑。

问诊现场 II

我很爱丈夫，很想和他一起生育孩子，但我会忍不住想到作为高龄产妇可能面临的问题，我一直等到35岁才嫁给了这个50岁的书呆子学者。风险当然存在于我们的年龄和职业差异上，我觉得我们的孩子很可能会有自闭症。我希望自己能够奋起迎接挑战，哪怕我们的孩子会有点“与众不同”。但是，如果真的生下孩子，我却会感觉非常内疚，因为是我把一个注定一辈子无法过正常人生活的孩子带到了这个世界。我想勇敢地生孩子（不管他可能会有什么问题），不再犹豫不决。

问诊现场 III

儿子一出生我们就发现他患有脑瘫，他的右腿因而受到影响不能正常活动。跟他姐姐相比，他在攀爬和走路都显得困难得多。我怀疑他的行动不便跟我是否有什么关系，因此我暗自发誓要尽己所能确保他永远不会感觉到自己的不同，确保他得到所有需要的帮助。他现在开始上幼儿园了，为此我们搬到了更多针对特殊学生的学区，尽管巨额的房产税让我们入不敷出。那里的老师非常清楚儿子的情况，如果我觉得儿子在学校没有得到妥善安置，我立刻就会带着律师去抗议。妻子说我忽视了其他的孩子，这样做只会让儿子感觉更糟糕，但我觉得她没有搞清楚状况。我想确保自己身体方面的问题永远不会成为儿子前进的障碍。

患上精神疾病是种什么样的体验？这个问题，也许真正

的精神病患者也无法准确描述。但是如果你想要知道重度焦虑症是何种感觉，生个孩子试试吧。因为孩子这种生物的每项基本需求都完全依靠你，当你把全部精力用于照顾孩子后，你很可能会忽视自己的基本需求。孩子们会长大，但是你对他们的责任感不会因此而减少。

遗憾的是，大多数威胁孩子安全和发展的问题都无法得到预防或纠正，即便世界上最全能的父母也对此爱莫能助。承担太多责任很可能会让你心力交瘁，让你的婚姻变得紧张，而且让你成自己最害怕成为的那类人——不合格的父母。

即，做父母也是一项需要权衡的工作，你只需要为重大威胁和真正可以纠正的问题而奔走劳累，而大多数让你无能为力的糟心事，其实你可以视而不见。只有这样，你才可以维持生活，不会真的丧失理智。

母乳喂养确实对婴儿的健康有益，但优质营养、生活习惯和分娩时到位的医疗护理也非常重要。而这些“完全准备”已被科学证明，它们并不能保证所有的事情都会有好结果。当风险出现，即便你最想实施的解决方案不具可行性，那也总会有其他减少风险的办法。确实，父母要做的就是对此进行调整和折中。

与其将自己看成一个不惜一切代价保护孩子不受疾病伤害的战士，还不如当一个能够评估不同选择的利益、风险和可行性的管理者。你不能做到面面俱到，所以对于自己没有十足把握的事，你要学会妥协，哪怕别人似乎做得更成功。

顺便提一下，总是会有其他人（多半是其他母亲）对你颇有微词。你最好把她们当成那些挨家挨户布道的宗教苦行僧，当她们开始鼓吹母乳喂养的好处时，你只需要保持礼貌，然后充耳不闻。

假如你在深思熟虑后做出了重要的选择，那就坚持自己的选择，不论出了什么差错。不要通过孩子的表现来评判自己，而是通过能否自如地应对危机来评判自己。

不要被可能存在的遗传风险吓到，除非你仔细地做过评估。如果自己没有评估的能力，那就咨询专家，搞清楚风险到底是增加了 2% 还是 100%。报纸总是简化前因后果，然后利用复杂的研究发布爆炸性头条，这很容易吓到那些超过 35 岁的高龄产妇。记住，作为年纪稍大且作风略显老派的父母，你们也有很多优点，比如你们都非常聪明，有很多共同点，这些会促使你们成为更好的父母和伴侣。孩子可能会遗传你的聪明基因，而不会得自闭症。聪明的孩子对整个世界来说都是弥足珍贵的礼物。不要放任恐惧剥夺你的理智，你要知道，为人父母者必须接受不良基因的风险，同时又要相信良好基因会占据上风。

如果孩子确实出了什么差错，比如脑瘫，那么父母的奉献就会意义非凡，因为结局或好或坏全靠你们。父母的坚持，最终战胜无知、否定和错误的意见，这样的故事总是能拍成好电影，也是新闻、杂志、电视节目的绝佳素材。

不幸的是，对于家里的其他孩子和其他想帮忙的人来说，这种坚持会成为他们的噩梦。如果你下定决心，一定要让残疾的孩子过上完全正常的生活，最后你会发现哪怕耗尽整个家庭的物质和精神资源，还是无法实现目标。

若孩子身患残疾，请自己决定哪些治疗方法和康复项目值得一试。如果它们都不管用，或者代价太大且收效甚微，那就不要执迷不悟。接受自己能力有限的事实，并且为将来的需求储存好资源，这也是一个好父母的分内之事。也许这项艰难的决定会让你非常难过，但是你反而能关注到其他事务，比如多花点时间陪孩子玩。

优秀的父母总是非常警惕，他们时刻准备努力奋斗，愿意为了孩子的健康做出牺牲。除此之外，伟大的父母也能够承受焦虑，且能够在不同的牺牲之间做出选择，他们明白即便是好的选择也可能会带来坏的结果，而孩子很容易受到坏结果的伤害。如果你选择接受焦虑，那么你和孩子都将会有不一样的精彩生活。

快速诊断

无法实现的愿望：

- 没有麻烦的怀孕和分娩；
- 完美的宝宝；
- 好的遗传基因；
- 足够的时间、金钱、精力。

切实可行的目标：

- 避免怀孕，直到你认为自己在物质和精神上斗做好了准备；
- 将怀孕和分娩的风险降至你能接受的范围；
- 当你相信这一切都值得做而且划算时，毫不犹豫地作出牺牲；
- 承认并调节夫妻在孩子教育方式上的差异。

可以采取的办法：

- 生孩子前，评估一下你养孩子所需要的资源（金钱、时间、精力）；
- 如果你没有那些资源，就先别生孩子，首先想办法获取那些资源；
- 了解清楚小孩可能会遇到的健康和发育问题，以及处理这些问题的代价；
- 不要指望找到没有任何代价和风险的答案；
- 学会妥协，但也不要指望做出妥协时自己会感觉良好；
- 为自己做出的艰难决定而骄傲，不管最终结果到底如何。

你的脚本

关于孩子的一切，你可能会对自己或配偶说……

亲爱的：

我觉得自己再怎么做也无法阻止 ______（我们的不良基因会带来的疾病、压力对胎儿造成的伤害、我的孩子变成一个连环杀手），但我知道伴侣非常好，我们组建了一个很好的家庭，关于（怀孕、分娩、送孩子上学、长期的心理治疗）______ 的计划都非常合理。哪怕考虑那些可怕的不确定因素，我觉得我们也能够成功地规避风险。

表 3.1　好父母、过分溺爱的父母、坏父母之间的对比

好父母	过分溺爱的父母	坏父母
指导孩子做作业。	每门课程都请家教，却还是亲自帮孩子做作业。	不知道孩子读几年级几班或者在哪所学校读书。
只要有可能，就参加孩子的游戏、朗诵会和戏剧比赛。	家长本身就是团队的指导员、戏剧的导演或者主演，这才给了孩子亮相的机会。	只要有可能，就叫孩子一起看《单身汉》(*The Bachelor*)。
如果孩子想跟朋友出去玩，确保自己跟他的朋友打个照面，留下必要的联系方式。	如果孩子想跟朋友出去玩，家长会记下他们的电话号码，还会要求跟着一起去玩。	如果孩子想跟朋友出去玩，那他们必须在指定的酒吧见面，因为老爸喝醉的话需要有人开车送他回家。

让时间做亲子冲突的调解人

与陌生人发生冲突虽然让人觉得很烦——不管他们是抢

道的司机，想插队的蛮横人，还是态度不好的餐厅服务员，但这种情况也可以理解，毕竟你们之间的交流会因为“陌生”而不那么通畅。而当你发现自己老是跟孩子发生冲突时，这既令人沮丧又令人心碎，因为你的孩子不是开着 SUV 想超车的混蛋，而是你与妻子共同创造的宝贝。

你觉得基于血缘关系和照顾孩子的苦劳，你们之间都不应该出现这样的裂痕。如果父母无法解决与孩子之间的冲突，他们就会怀疑自己是否尽到职责，是否在沟通、引导正确的价值观和表示支持方面做得不好。

重要的是，我们并不知道为什么有些孩子总是跟父母发生冲突，而父母明显能够履行自己的职责，而且跟其他孩子也相处得很融洽。那么很可能是因为有些孩子天性易怒，或者有情绪障碍，他们看待这个世界的视角跟父辈不一样，从而无法回应父母的期望而已。

如果你与孩子长期存在矛盾，那就去咨询专家的意见，问问自己作为家长是否有可以改进的地方。很多情况下，你的行为方式可能没有问题，只是孩子的某些特性很难让人接受或理解，而且他们也不可能被改变。若真是那种情况，你的孩子可能非常出色，但他并不一定能够轻松自然、面带笑容地跟你交流。尽管你很努力，而那样似乎显得不公平，但生活就是这样，没有公平可言。

良好的亲子关系并不一定是能够解决或预防冲突，但是好家长却是可以做到为了长远的亲子关系设法应付冲突。他可以将孩子留在自己的生命中，不管彼此是否会像陌生人一样。

你希望有以下办法解决亲子冲突，但没有：

- 孩子总能说出你想听到的话；
- 孩子的性情和你相似（但你的性情当然要更好点）；
- 伴侣更擅长想办法处理，而不是喋喋不休地责备你；
- 想办法处理好孩子的抱怨，尤其是抱怨即将变成争吵前。

关于亲子冲突，父母表达的愿望包括：

- 找到更甜的胡萝卜或更粗的棍棒；
- 关于对错达成共识；
- 对当务之急和忠诚达成一致；
- 不要互相逼迫。

下面是三个问诊例子：

问诊现场 I

女儿进入青春期之前，一直是个乐观开朗的孩子。她能够跟家里的每个人都相处融洽，而且也喜欢和我们在一起。但是当到达青春期以后，她变得肤浅、叛逆，而且沉迷于跟男孩交往，成绩一落千丈。即便我很有礼貌地向她提问或给她建议，她也会有满肚子的不满，像个好斗的公鸡那样准备随时开战。我不知道这是我的错还是一个阶段，但如果我们不能尽快停止战争，我们都没法活到她高中毕业的那天。我的目标是停止没完没了的冲突。

问诊现场 II

看到 16 岁的儿子误入歧途——逃学，不做作业，将所有的时间都花在飙车上，我不是很开心。他居然说自己真的不想上大学，但我对他的期望非常高，也早已告诉他——我讨厌看到他做出如此愚蠢的选择，他将来一定会后悔。但这总是带来无尽的争吵和怨恨，以及妻子的担忧和伤心。我想给儿子指明一条更好的人生道路，不要总是跟他争吵。

问诊现场 III

我从来没跟儿子吵过架，直到一年前他结婚了。自此以后，我们就争吵不断。他的妻子非常难相处，而且不喜欢跟我们老两口待在一起，除此之外她还说我们对儿子有不良影响。虽然儿子不一定同意她的说法，但是他不敢反驳她，常常按照她的意愿行事。她在背后说我们的坏话，我儿子不会要她道歉，我们也只好对她敬而远之，但这样一来我们根本就见不到儿子。每当我们好不容易见面了，他却总是劝我们对她好点，可问题是我们真的不知道还要怎么做，因为是她在找我们的麻烦。我想停止争吵，恢复跟儿子曾经的良好关系。

如果你竭尽全力试图跟孩子相处得更融洽，并表现得更加善解人意，那么最好还是听从精神病专家、朋友或书上的专业建议——尝试不要那么善解人意，反而承认自己对此无能为力，同时还要想清楚自己打算怎么做。

如果你的乖乖女因为荷尔蒙激增而变得易怒，那就确保她不会因此患上致命的抑郁症，因为愤怒是抑郁症最明显的症状，特别是对于青少年来说。而且网上有很多关于抑郁症的问卷调查，但它们都是一些常识性的问题（比如情绪、消极想法、自杀冲动等），如果你想测试承受秘密压力、损失或伤痛的问题，那就选用其他方法。

不管她怎么回答你或者问卷调查的问题，如果你认为她可能患有抑郁症，那就让她接受精神健康专家的诊断。如果她拒不回答，那问题就不是她是否患有抑郁症那么简单了，而是她是否有自杀倾向了。请牢记，父母最适合调查孩子为什么生气，也最适合确认孩子是否患有抑郁症，因为你最了解自己的孩子。精神病专家也没你那么大作用，除非你的孩子更愿意跟他交流。如果经过仔细的检查，然后确定孩子没有抑郁症或其他精神疾病，那么他就是进入了青春期。这种情况下，唯一管用的疗法就是时间。

这时候你能做的就是咬紧牙关，提防他随时做出大逆不道的事。或许你只能默默地忍受失去乖孩子的忧伤，希望她某天会回到你身边。但如果她没有回来，那就祈祷她能找到一位完全接受她的配偶。与此同时，尊重自己，因为尽管你很悲伤，却依然能够对孩子保持耐心和宽容。

如果孩子学习不好，那就试着客观地评估他们的优点，不要混淆了他们本来的样子和你期待的样子，不然你只会看到他们潜在的缺点和错误，比如擅长驾驶的孩子经常会有出众的视觉空间能力，而这不能体现在他们背单词和做数学题上。你要鼓励孩子，告诉他很多人离开学校后反而能够更有效率地学习，因为他们的大脑要通过实践才能学到更多知识，而不是呆坐着读死书。只要他发现自己擅长而又喜欢的事情（当然要是合法、不会上瘾且可以带来收入），那你就可以鼓励他坚持自己的爱好。

与此同时，不要在孩子面前表现你的沮丧。如果想让孩子显露最美好的一面，虽然你不必强迫自己爱上他本来的样子，但你必须表现出很喜欢，而且还要保持乐观，这样才可能实现。若你不想让冲突把双方都拖垮，那就不要期望他变成你想看到的样子。

如果冲突是源自家庭内部成员的增加（一般指儿媳），那么摆出家长的架子宣称主权很可能会适得其反。是的，你完全有理由厌恶孩子的配偶影响了你们之间的关系，邪恶的婆婆也早已不新鲜，但她们当中很多人都是通过与自己的公婆鏖战之后才夺得了家庭统治权。

当你已经竭尽全力消除与孩子配偶间的误会，想方设法与她建立更好的关系，却还是争吵不断时，那你就必须明白，自己并不能控制事情的进展，而你必须改变期望。如果你执迷不悟，坚持要表达真实的想法，这注定会把你的儿子推向他的配偶那边。

与其试图把孩子抢回来，或者指责他不再信任你，还不如停止幻想轻松愉快的家庭生活。你应该接受自己的损失，豁达地应对孩子的批评和抵制，以防止情况变得更糟。

如果你被孩子粗暴地批评了，不要在意这些言论，虽然从孩子那里听到批评确实让人很难受，可他结婚后必定会跟你们逐渐疏远，这与你作为家长的表现无关。表现良好的父母，他们的孩子也可能会选择一位糟糕的配偶，但你也无法控制这种局面。

如果当你感觉受到伤害或者生气时，急于在孩子面前为自己辩白，抑或是虽然大家很喜欢你的率直但不愿意跟你打交道的话，那就学会闭嘴，学会思考自己跟孩子发生冲突的原因。有时候你可能会找到答案，但更多时候，你会发现是外部因素引发了你们之间的摩擦。那种问题只能找好律师、人质谈判专员或者魔法师来解决，而你就要学会承认冲突是家庭生活的一部分，然后学会忍耐。

快速诊断

无法实现的愿望：

- 找回过去那个乖孩子；
- 重塑你以前的权威；
- 能自由自在地说话，而不会引起误会；
- 不需要通过情绪管理就能拥有亲密关系。

切实可行的目标：

- 学会忽视小挑衅；
- 必要时微笑着设置底线；
- 不因为冲突而迁怒于人。

可以采取的办法：

- 尝试一切能够缓和冲突、减少误会的方法；
- 接受不可避免的冲突，哪怕你必须长年累月地忍受；

- 必要时设置底线，但不要因为合理的失望和道德谴责而变得消极悲观；
- 在令人失望的冲突中寻找优点；
- 不要因为价值观或忠诚度有差异，就攻击对方，你也无法改变这个事实，尊重自己所作的努力。

你的脚本

当你们无法停止争吵时，你可能会对孩子说……

亲爱的：

听到你______（甜美的声音、挑衅的言论、愚蠢的借口），我都会怀疑你到底______（有没有认真思考、是不是别人养大的、是不是上天跟我开的一个精致的玩笑），但是我知道你会按照自己______（漏洞百出、精神错乱、独一无二）的方式处理问题，因此有一点_____（误会、冲突、厌恶）也在所难免。我会努力避免_____（爆粗口、悔不当初、把你仍在停车场的冲动），保持乐观，跟你一起共渡难关。

必要时，把锅甩给孩子背

当你看到一个熊孩子在公共场合大声吼叫，或者一个未成年女孩穿着暴露的服装招摇过市，抑或是一个在酒吧外面发酒疯的大学生时，你肯定会思考他们的父母是什么德行。讽刺的是，这些父母可能非常优秀，他们只不过有一个少不经事、愚蠢至极或者烂醉如泥的混蛋后代。

人们大多信奉种瓜得瓜种豆得豆的因果论，但是这种因果论并不能运用在养育子女上。哪怕你真的是“最美母亲”，也并不能保证你的孩子都是人中翘楚，或者能够跟他们建立亲密友善的关系。当然，如果你的孩子在学坏，那么你可以做很多事情让他浪子回头，比如以身作则地鼓励他与人为善，让他有正事可干。这些通常都能让孩子回归正轨，至少也能让他远离牢狱之灾。

当积极干预并不奏效时，那也不要随便猜测是否自己的教育方式有问题，或者孩子最终罪责难逃。表面上看，似乎是你的孩子选择学坏或者做了“错误的决定”，但很可能只是他内心出了什么问题，而你、学校和心理医生都不知道该如何处理。也许到最后，时间、挫折和神经发育能帮你发现解决方案，但是眼下，你根本就无法掌控，他或许根本就不想待在你身边。

不管结果如何，你要知道自己已经尽全力了。你不必再重复那些不管用的治疗方法、没有效果的保护性牺牲，或者会给家人带来伤害的无谓努力。因为你知道自己正在处理的事情对任何父母来说都是噩梦，而且你非常确信自己不是那种让孩子夜不能寐的家长。

以下几点本来应该塑造孩子的个性，但并没有：

- 你以身作则，风雨无阻地去上教会学校；
- 你要求他吃掉饭桌上的所有蔬菜，逼他看所有的教科书；
- 你让他去体验《变形计》里的乡村生活。

人们表达的愿望包括：

- 搞清楚出了什么问题；
- 弄明白作为父母怎样才能更好地让孩子进步；
- 改变孩子的选择；

- 寻求帮助、治疗和拯救方法；
- 以更完美的姿态接触、鼓舞、刺激孩子。

下面是三个问诊例子：

问诊现场 I

我对十六岁的儿子已经完全失望了，他会偷拿家里任何值钱的东西去换钱买毒品，事后还坚决不承认。毒品实在太危险了，要不然他也不会在做早餐时晕过去，还差点烧掉了整个房子。除此之外，他未经允许就开走家里的车，结果撞上了私人车道边的一棵树。我们没钱把他送到特殊治疗学校去，所以我们只能无助地看着他受苦，然后牵连我们。我想知道怎样才能帮助他，不然他真的会害死自己或者别人。

问诊现场 II

当十几岁的女儿第五次在同一家商店偷东西被抓住以后，店方决定正式起诉她，而我没有任何理由责怪他们。不论我们夫妻俩怎么劝她不要再入店行窃——训斥、惩罚、暴怒——好像都不管用。我们送她去治疗，但也无济于事。她坚持说自己就是情不自禁想偷东西。现在，盗窃已经让她惹上了官司，但我知道她不会上法庭，除非我们逼着她上车并把她带到那里。那时我不得不请假，而且也没有钱支付律师费。我想帮她脱罪，不要让这事写进她的诚信档案，然后弄明白怎样才能让她不再偷东西。

问诊现场 III

儿子从小就特别容易生气，从五岁开始他就断断续续地接受治疗。他高兴时非常迷人、可爱，但当他生气时，他的眼睛都会变色，就像被鬼缠身一样。虽然事后他会非常抱歉和惭愧，但他还是觉得自己的愤怒完全是别人的错。好几次他都因为在酒吧打架被逮捕了，但我们的律师可以帮他消除指控。去年他结婚了，我们感觉如释重负，因为他似乎终于长大了。但是，我察觉出他们的夫妻关系有问题，他的妻子看起来非常害怕他。我想知道怎样才能帮他控制住自己，要不然他真的会伤害他的妻子或者别人，也会毁掉他的生活。

当你认识或者关心一个有坏习惯（毒瘾、无法控制自己的怒火、迷恋健身）的人时，帮助他们从来都不是一件容易的事情。如果那个人是你的孩子，想要弄明白怎样才能帮助他几乎就更不可能。尽管你觉得自己对孩子以及他的幸福负有责任，但实际上你的帮助却非常有限。我知道，如果你不能给孩子提供适当的帮助，他可能最终会锒铛入狱、寄人篱下或者看破红尘，那么你就会更痛苦。

其实，当孩子的行为举止就像魔鬼一样（暴躁、自私而又好斗）时，这时候你压根就不想帮助他，可这样的话你就会更痛苦。但是好的父母有时候必须接受这样一种可能：不论父母怎样努力，孩子的不良行为和堕落心态都不会轻易改变。

当你认识到这点时，你必须承认自己无力保护孩子，他必须自己承担责任。这看似简单的结论其实也最难被人接受。

当孩子的行为威胁到家庭安全，或者强化治疗（比如住院和服用有副作用的药物）也没有任何效果时，父母通常都会首先选择寻求更好的治疗方法，而不会优先考虑保护家庭，其实这样做弊大于利。尽管父母经常会说他们宁愿为孩子挡子弹，但若开枪的就是孩子，你该怎么办？

请向孩子讲清楚哪些行为非常危险、无法被人接受，如果孩子依旧我行我素，那就暂时收回自己对他的爱，将他送出家庭，找到最适合他居住的地方。你可以从学校、法庭、儿童保护机构以及国家心理健康服务机构那里得到建议，也可以从当地警方那里得到帮助，或者向他们寻求合作。

为了“拯救”孩子你要制定一份计划，但不要因为内疚、恐惧或者过分的责任感而妥协，也不要责备孩子和自己。如果你无法纠正孩子的不良行为，请将伤害降至最低。

如果孩子不断重复犯罪行为，而且之前所有的努力都无法阻止他做坏事，理性的父母可能会认为最好的办法是诉诸法律。

尽管你可能会认为父母这样做非常狠心，但理性的父母并不总会做出大众期望的好选择，特别是当所有的最佳选择都不管用时。当你的孩子选择自我抛弃时，那你也只能选择让生活来教训他。只有这样才能，才能让你的孩子明白：如果他的不良行为被指控的话，他有责任控制自己，而你没必要替他背负责任。

要用同情的口吻向你的孩子诉说改变坏习惯的艰难性以及牢狱之灾的不幸。如果她责备你对她不管不顾，你要告诉她自己永远都会关心她，以此打消她的疑虑。但是她现在最重要的不是放下被抛弃的恐惧，而是不要再做一个不知悔改的小偷。

最坏的情况就是：不管进行多少年的治疗和法律干涉，你的孩子就是一个长不大且容易暴怒的巨婴。作为父母，你不仅要确保他接受任何可能管用的治疗，还要面对事实，如果连心理干预也无效时，那就放手。与其寻找更多的帮助或者更深层次的交流，还不如接受无法避免的暴力风险，并制订计划管理这种风险。

如果孩子的行为威胁到你，那就避免和他直接对抗，必要时向警察求助。如果你觉得他产生暴力的风险正在逐步上升（不管是针对你还是针对别人），那就问问自己把他送进医院待两天能否让他冷静下来，或者把他投进牢房会不会更好。

如果他总是用痛苦来为暴力行为辩护，那就闭上耳朵，因为跟暴力失控带来的后果相比，他的情绪不重要；如果你的儿子像个怪兽，那么当务之急不是保护他，而是保护身边那些被他威胁到安全的人。

有些孩子，不管家教多好，也不管这个世界上有多少人帮助他们，他们就是忍不住地想干坏事，这对他们自己、家人和其他人来说都非常危险。如果父母明白并接受有时候治疗和无微不至的关爱并不能帮到孩子，那他们就更能够保护家人和失控的孩子，哪怕是失控的孩子带来了威胁。你可能会觉得自己永远有责任拯救孩子，但实际上，当你没有选择时，这种责任感也会随之消失。

快速诊断

无法实现的愿望：

- 弄明白到底是哪里出问题了，以及为什么会这样；
- 只要进行适合的治疗，就一定会有效果；
- 拥有能够控制孩子危险行为的技能；
- 有一张隔离孩子的安全网，这样你便无须为自己设立防护网；
- 孩子没有不良记录，且不会干扰其他人的生活。

切实可行的目标：

- 充分了解哪些才是有效的干预措施；

- 克服没有必要的负罪感及责任感；
- 平均分配你的责任感，拯救一个孩子的同时还要确保家里其他人的安全；
- 接受残酷的现实，但永不放弃对未来的希望。

可以采取的办法：

- 找出所有的治疗方法、干预措施和资金来源；
- 跟伴侣一起决定你们能够承受的风险，包括孩子、家庭和其他人可能会受到的伤害；
- 必要时孤注一掷，仔细权衡治疗和不治疗的风险；
- 当你明白什么措施都无济于事时，勇于承认自己对此毫无办法，但不要用无助的语气；
- 请求那些有资源的人帮你分担责任。

你的脚本

关于你孩子持续的危险行为，你可能会对他说……

亲爱的：

我总是会情不自禁地想象有一天你不再 ______

(嗑药、撒谎、偷窃我的珠宝），不会让家庭背负无尽债务，但我也看到各种治疗手段和干预措施似乎都对你不起作用。我知道我们已经竭尽全力了，我希望你也尽力了，但是如果你还是______（偷东西、买毒品、打架斗殴）的话，这个家就不再欢迎你了。我不得不将你扫地出门，但我可以帮你找个落脚的地方，比如_____（列出地点；但不是“这个家”）。长远来看，我希望你能变成一个坚强、诚实的人。祝你好运。

表 3.2　你的孩子什么时候最可能变成大混蛋

年龄	阶段	混蛋行为
2 ~ 4 岁	蹒跚学步	顽固、自以为是、容易发脾气，特别是涉及他是否尿裤子时。
12 ~ 18 岁	青少年	可憎、喜怒无常、叛逆，你甚至都无法分辨魔鬼和他到底谁更可怕。
22 ~ 26 岁	成年前	一文不名、妄自尊大、对自己的独立性和自我价值信心爆棚，尽管他还要你帮忙交电话费且跟八个室友住在一起。
30 ~ 45 岁	中年	闷闷不乐，也许到现在还是一文不名，因为她正在为教导自己的孩子别尿裤子而筋疲力尽。

分清“不会学习”和“不想学习”

当孩子面对困难时，总是会说“我就是做不到”，老师和父母们普遍的反应就是 ：“是不能，还是不愿？”这样问既不会伤害孩子，又能让他们明白自己还有能力做得更好。

当孩子的问题变成不做作业、上课不认真听讲、在学校不好好表现时，“不能还是不愿”就变得难以回答了。不是每个学生都存在学习障碍[①]（Learning Disability），但是真正有学习障碍的孩子，做起作业来可就不像其他孩子那样轻松了，尽管他们和父母都不想这样。

当孩子不好好学习时，人们不应该责备父母对此产生的焦急情绪，因为这是他们的天性使然。他们都希望看到孩子学业有成，不希望看到自己的孩子在接下来的三十年里都蜗居在出租屋。

但是当孩子似乎永远学不进去，将来肯定要住出租屋时，

① 学习障碍是指从发育的早期阶段起，儿童获得学习技能的正常方式受损。这种损害不是单纯缺乏学习机会的结果，不是智力发展迟缓的结果，也不是后天的脑外伤或疾病的结果。它表现在阅读、拼写、计算和运动功能方面有特殊和明显的损害。一般认为，这是由脑功能的中枢神经功能的轻微失调所造成的。总体智商 (IQ) 基本在正常范围内。——译者注

父母就会非常绝望。于是他们本能地就产生了逼迫行为，最开始是逼迫自己和孩子，再祸及到老师、校长和心理医生。遗憾的是，这些人都无法解决学习障碍，而外部资源也非常有限，父母和学校都帮不上孩子。哪怕有便捷的治疗途径，治疗效果恐怕也是微乎其微。如果孩子没有学习的天赋，肯定会进步缓慢，大人们要理解这点。

如果孩子、老师和治疗专家都在竭尽全力治疗，你却逼得更紧，那么局面就会每况愈下。孩子会更加讨厌上学，动不动就撒谎，老师也会反过来也会挑你的错，然后你的逼迫行为会波及整个团队。如果那只是你幻想的团队，那还无所谓；如果那个团队里包括你的孩子，而且团队的问题不是随便就能解决，那情况就不太妙了。

所以，不要理所当然地以为只要老师尽职尽责地教育，孩子的学习成绩就一定会提高。相反，你要反思什么可以改变、什么不可改变，不要让恐惧左右了你的期望。你要知道，有很多种的方法可以提升孩子对学习的兴趣，也有很多机会去发现最适合他的教育方法。你也可以做很多实验，这样就不用依赖专家了。

你要鼓励孩子努力学习，给孩子指出学习重点，讲清楚奖励措施。但要做好心理准备，可能你们会遇上一些不管是孩子努力学习、父母耐心管教还是老师精心教导都难以克服的问题。知道自己能做什么，并且知道孩子不能做什么，这些都非常重要，因为那样你才能对帮助你们的人满怀感激。

当孩子出现学习障碍时，你希望拥有以下资源，其实并没有：

- 取之不尽的资金，送孩子上私立学校、请家庭教师和作业辅导员；
- 不用喊叫、唠叨就能调动孩子积极性的方法；
- 让老师为你所用，主动向你告密。

人们表达的愿望包括：

- 搞清楚到底是什么让孩子烦恼，是什么让他不爱学习；
- 得到更好的教学或一般意义上的帮助；
- 向孩子及学校施压，提高孩子的学习成绩；
- 改变孩子对待学习的态度。

下面是三个问诊例子：

问诊现场 I

女儿讨厌做作业，而在其他方面，她倒是个非常亲切、通情达理的孩子。吃完晚餐后，虽然她知道该做作业了，但是她总是想办法逃避，就好像这会要了她的小命一样，她只想打电子游戏，跟哥哥们疯玩。如果我们让她先做完作业再玩，她就会大发脾气。我本以为她长大后就不会这样，但她现在已经十一岁了，脾气却变得越来越差。我们已经厌倦了吵架，可她不好好读书的话，将来能够干什么？我们怀疑这就是她性格的一部分，或许她还有更大的问题。我想让她不要那么痛恨学习。

问诊现场 II

两年前，我们发现儿子有学习障碍，而搞清楚他需要什么样的帮助就已经让我们非常头疼了，更别说给他提供真正的帮助。我尝试过跟他的老师联系，但是他们要么推卸责任，要么无动于衷。我知道如果有钱上私立学校或者住到更好的学区，那么一切都不是问题，但我们没钱，而且我也没法把时间都花在他身上，因为我本身就已经打了两份工，除他以外还有三个孩子。我想得到需要的帮助，这样我才可以给儿子提供他所需要的帮助。

问诊现场 III

儿子有严重的学习障碍，尽管我们已经换过好几个家教和学校，试过好几种治疗方法，但都毫不见效。他在目前的学校是有史以来表现最好的一次，但最近的家长会上，他的老师却告诉我，他们认为我的儿子需要接受注意力缺陷多动障碍（ADHD）的药物治疗。我跟妻子无论如何都不愿意告诉儿子这个消息。每个家长都知道，学校强迫孩子们吃那些药就是为了把他们变成温顺的僵尸，或者为了填满大型制药公司的腰包。我想弄明白怎样才能帮助儿子学习，同时保护他不吃那种“毒药”。

学习障碍就像自闭症和阳痿一样，似乎也就是近二十年

来才从失调症的概念中衍生出来。现在，它好像突然变得无所不在。实际上，这些失调症一直都存在，只不过之前没有被诊断出来而已。之前，自闭症被认为是精神发育迟滞，阳痿被认为是走向死亡过程中的正常现象，而有学习障碍的孩子则被贴上任性、懒惰（或干脆是愚蠢）的标签。似乎现在有很多孩子患有 ADHD，但帮助他们的方法也相应变得更多了。

对父母而言，发现孩子存在学习障碍问题既有好处也有坏处：一方面，你现在终于知道他不是故意要当你的眼中钉肉中刺；另一方面，你也必须面对这样一个事实——你的孩子有毛病，或者说有些不正常，也许还需要接受艰难、昂贵而效果不明显的治疗。

但是，一旦宣布了诊断结果，你就必须隐藏失望和惊恐，做出一些具体、成熟的选择。当然，在那样做之前，你至少要知道自己的选择是什么。如果孩子通过逃避和发脾气来抗拒家庭作业，你不需要通过正式诊断就可以采取措施。首先，你要做好功课，钻研一下行为管理学；然后当该做作业时，不要过多地说“现在该做作业了，你必须把作业做好”之类的话，而是要在言辞中将有意义的结果和显而易见的行为联系起来，比如说“做作业才能检验你是否掌握了知识，也许还能巩固一下”，并且不要带任何负面情绪。如果那样不起作用，检讨一下自己，到底对孩子的学习方式了解多少。看看孩子在遵照指令、记住故事或者理解意思方面是否出现注意力分散的问题。最后，如果你得到的答案都指向同一个方向，那就让孩子接受测试，看看他是否真的有学习障碍。

与此同时，不要假想你的孩子不愿意学习，并且不要怀疑自身努力的价值。你要做的事只是避免将自己的沮丧失望情绪转变成人身攻击，比如动辄就骂孩子懒惰、愚蠢。

如果诊断结果是学习障碍，而学校对此表示爱莫能助，那就请个家教试试看，观察他辅导孩子的方法是否有用。若有用，你也可以用相同的方法辅导孩子，或者你也可以在学校找人帮忙，或者求助哪些愿意帮助你的非盈利组织。

尽管你有理由为老师的不负责任而生气，但是与其让他们觉得内疚而推卸责任，还不如对他们表示感激，这样你反而能够得到更多的帮助。请让老师感到你对他们努力工作的尊重，即便你真的认为他们的教学水平不高。不管你是否喜欢他们，也不管你是否尊重他们的劳动，你的目标都应该是正面地激发他们的积极性。

不要责怪自己或者学校缺乏资源，因为你也不能控制那些问题。相反，不断寻找那些可供借鉴的想法，确保自己能够持之以恒，且永远保持希望。说不定明年你的孩子神经系统成熟了，他就能取得更好的成绩。

如果风险最低、非医疗的干预措施不能起到作用，那么你大可试试医疗措施。尽管你可能觉得这样做非常危险。其实，做决定前，你有必要仔细客观地评估风险，不要让恐惧或谣言影响自己的决策。

学习不好并不一定会让孩子缺乏自尊或者收入微薄，但也确实存在那种可能性，而父母往往能够预见发生这种情况的概率。如果你认为可能性很大，那就尝试使用不是绝对安全但总比放任自流要好的方法进行干预。

关于学习障碍问题，服用中枢神经兴奋剂[①]比采取非医疗干预的风险更大，但父母很容易就能发现那种风险（尽管非常低）。如果他们认为这样做对孩子有伤害或者毫无效果的话，就可以立即停止服用药物。不要太过在意推荐或谣言，

① 中枢神经兴奋剂包括咖啡因、尼可刹米、士的宁等药物，根据需要得到兴奋的不同部位，用药也有所不同。这些药物能够起到短时间内增强记忆力，抑制注意力分散的作用。主要用于治疗 ADHD，服用后会存在心悸、焦虑、失眠等副作用。——译者注

没有人能提前预知中枢神经兴奋剂是否能帮助你的孩子，你也不能百分百地了解这些药物到底疗效如何，除非你试过。

最后，只有你能判断出孩子有多需要兴奋剂、有多大风险，也只有你才能够判断药物是否有足够好的疗效，或者是否应该继续服用。父母总是跟孩子说，一件事情如果有必要，那么不管它看起来多么可怕、多么困难，都要全力以赴地去完成。行动起来，现在正好有一个能为孩子树立榜样的好机会。

学习障碍问题经常会让孩子、父母和老师觉得无助。但是，如果知道这些问题只是一种疾病而不是孩子的心态问题，那么我们肯定会抱有一线希望，然后寻找有利的治疗方法，而不会让孩子破罐子破摔，也不会尝试着为他们赎罪。

良好的家庭教育和学校教育并不一定能克服学习问题，但它们的起点相同。如果你不责怪自己或别人，那么学习障碍问题就不会妨碍你和孩子建立正常的关系。

快速诊断

无法实现的愿望：

- 有能力为孩子挑选好的老师、资质优秀的学校、辅导员，甚至规划未来；

- 孩子、老师、学校等都服从你的意愿；
- 相信孩子不会在学习上撒谎；
- 当孩子在学习上撒谎或不守信用时，你完全不会生气或痛苦。

切实可行的目标：

- 寻找处理孩子学习障碍问题的方法，一定要努力尝试、保持积极，虽然不一定会有好结果；
- 即使你对孩子学习成绩有更高的期望，也不要让它妨碍到你跟孩子建立积极的、相互接受的关系；
- 不要因为孩子学习差就认为自己、孩子或者你们的关系很失败；
- 不断发现孩子无法做到或者不擅长的事，以便让他变得更坚强（而不仅仅是意志力和顺从）。

可以采取的办法：

- 对孩子的日常表现设置有效的评判标准，防止他们做坏事，但设定的标准不能过高，不然你会比孩子还累，那是自找苦吃；

- 为孩子的作业、行程提供帮助，帮助他们养成良好的习惯；
- 如果规矩和标准都不管用，那就不断寻找造成学习障碍的其他原因，比如微妙的认知障碍、抑郁症以及感情问题；
- 仔细研究学习障碍问题，回想自己在指导孩子做作业时观察到的情况，亲手列出孩子的优缺点，同时寻找解决方案；
- 尊重老师的想法，不要让他们感觉自己毫无作用；
- 除了孩子在学校的表现外，多关注他们身上一些你看重的优点。

你的脚本

关于孩子的学习障碍，你可能会对自己、孩子及相关的老师说……

亲爱的：

我经常会因为 _____（你、我的孩子）不想 _____（认真学习、做作业）而烦恼，但是我知道这是因为你患有 _____（失调症、多动症）。但我真的认为有必要继续让你 _____（待在学校学习、注意力集中），我也找了 _____（老师、心理医生），当你没有做 _____（“你不该做的事”的同义词）时，他们都非常希望帮助你。我们不会放弃你，同时也会试着接受你现在的样子。

表 3.3　你的孩子是注意缺陷多动障碍？坏？还是懒？

问题	ADHD	坏	懒
学习	完全学不进去，似乎也不想学。	勤奋地学习怎样破解电脑密码。	学习怎样玩得嗨。
体育	跟运动员那样超级厉害。	跟赌马的人一样超级机敏。	不感兴趣。
说谎	不假思索、张嘴就来，但立马就会被识破。	撒谎很小心，这样才不会被别人识破，以显得自己完全无辜。	撒谎让每个人都觉得舒服，但如果是让他努力，那就免谈。
注意力	不断地走神，因为他根本就没听。	有时候会走神，当他“另有安排”的时候。	偶尔走神，因为你说话时他睡着了。
做作业	作业本丢了，忘了作业是什么，打完游戏后再去做……	如果做作业只是回答一些问题或在别人衣服上乱涂乱画，那么他们算是做了。	抄学霸的作业。

不要因为离婚被孩子“绑架”

父母总想为孩子创建和谐的家庭，哪怕做出再大的牺牲也在所不惜。不论是咬紧牙关坚持完成我们不喜欢的事情，还是按照别人的方式处事，抑或是跟自己不喜欢但刚好组建了一个家庭的人聚会。

自始至终，我们都努力压抑自己心中的讽刺和负面想法，这样才不会避免让上一代的恩怨波及下一代。好的父母有很多老练的外交手腕，会执行言归于好的政策，尽量避免将离婚提上议事日程。

不幸的是，有些父母最终还是离婚了，这不仅会瓦解父母的本能，还会直接毁掉孩子的期望。如果不能保持家庭的完整，你就有可能会让每个人失望，而且会违背拉丁地区的某些教义。

而那些已经离婚的父母，特别是善良的父母，会很自然地认为自己罪不可恕。他们会主动承担起离婚带来的冲突、敌意和挥之不去的怨恨。但是，他们无法控制前任的怨恨，无法控制受伤害的孩子一身怨气且对忠诚失去信仰，也无法控制离婚对他们的腰包、法律地位和新感情所造成的不良影响。

不管你多么渴望和平，其他人也都只会想着把自己的思想强加于你。除了换个新发型、摘掉手上的婚戒，你需要接受这样一个事实：你作为父母的角色可能已经发生了改变，已经受到了破坏，但那并不是你的过错或责任。尽管如此，总会有人不停地唱反调，责怪你毁了婚姻、生活，打破了他们的世界观……

如果你坚持要扭转这种局面，或许就能够避免错误，然后发现更多方法与别人建立崭新且坚实的感情。虽然以前的和平计划再也不适用了，但是新场景就会带来新机会——随便问问两个同居的年轻情侣你就知道了。

如果你离婚后试图达到孩子对正常父母的期望，那你很可能会失败，而且会让你非常受挫，甚至反应过激。你甚至会因为太想表现自己的友善，而变成一个很容易被孩子操控的人，最后则会削弱你当一个好家长的能力。

你可能无法像自己希望的那样教育好子女，但是当你认为某些行为对孩子、新感情都有利时，还是可以给他们提供良好的教育。哪怕你不知道新伴侣是否能忍受自己的孩子，其实只需要稍微做点任何家庭都无法避免的妥协，你还是能让他们和平相处。

你想拥有以下资源来消除离婚后对亲子关系的不利影响，其实却没有的：

- 一块可以擦除伤痛记忆的橡皮擦；
- 完美的言辞，能冲破怀疑的围墙，让你有勇气开始一段新感情；
- 法庭指派一位有权威的调解人，能防止人们作恶；
- 不管你和前任做什么决定，孩子都会继续爱你，而不会被生活伤得遍体鳞伤。

人们表达的愿望包括：

- 让配偶不要再提出不公平的要求；
- 让孩子明白父母分手是有原因的；
- 让孩子不要在自己的新伴侣面前犯浑；
- 让新伴侣不要对前任的孩子矫枉过正。

下面是三个问诊例子：

问诊现场 I

我的新任妻子跟孩子们相处得很好，她对我前任的十岁儿子也不是特别排斥，但儿子还没见过她就对她恨之入骨。我认为一定程度上是因为他把我跟他妈妈离婚的原因归咎于继母，而且我再也不可能跟前任复合了，他把这件事也怪罪到继母头上。与此同时，他对继母表现出难以置信的粗鲁，还说只要她在，他就不愿意来看我。我想缓和他们之间的关系，这样才不会影响儿子跟我的感情。

问诊现场 II

我和妻子长期以来都难以和睦相处，所以当她跟我提分手时，我立马就卷铺盖走人了，因为我实在是不想再跟她吵架了。遗憾的是，她认为我有朝一日肯定会再次回到她身边，但其实我并没有回去的打算，因此她显得非常愤怒，开始把一切都归咎于我，所以孩子们现在都讨厌我。虽然他们过去跟我关系非常好，但现在他们却责怪我跟他们妈妈离婚，还毁了她的生活。轮到我监护他们时，他们就会表现得非常粗鲁，就好像我是看押他们的狱卒一样。我做的每件事都让他们恼怒，哪怕我使尽浑身解数，把自己的姿态降到最低，他们还是迫不及待地想要回到妈妈身边。我想恢复跟孩子的亲密关系，但是我不知道该怎么办。

问诊现场 III

我很爱丈夫，但直到我们结婚后，我才意识到他完全不知道如何拒绝别人，特别是他和前任那些淘气的孩子。虽然我从来没指望他们会喜欢我，但我下定决心要对他们有耐心，试图了解他们。让我烦恼的是，丈夫对他们的要求真的是有求必应，不管是他们想让他取消安排好的计划，还是额外给他们更多的钱（超出本就非常慷慨的离婚协议的规定）。这给我们的生活造成了负面影响。我想让老公在面对他的孩子时不要再那么懦弱无能，不然这会毁了我们的婚姻。

如果说一个团队的实力取决于最弱的那个成员，那么一

对夫妻离婚后是否能和睦相处，则取决于前任的愤怒程度。继母可以容忍孩子们跟前任母亲更亲近，也会尽全力让新家庭稳定下来，但如果前任母亲或孩子在背后说她的坏话，那么不管继母再怎么努力，也扛不住他们的使坏。

这时候，如果离婚双方想要成功地经营好他们的新家庭，就必须接受孩子们短期内不可避免的怒火。因为只要其中任何一方有二心，那么新家庭就不可能团结一致。

大多数孩子都不会喜欢父母的新伴侣，就像不喜欢打针、不喜欢吃动物的肝脏、不喜欢标准化的考试一样。所以如果你没办法阻止孩子讨厌你的新伴侣，不要大惊小怪，也不要往心里去，况且你的新伴侣也没有理由一定要喜欢你的孩子。其实任何得体的继父继母都明白，对于每个牵涉到新家庭的人来说，调整心态都很难。

当然，你可以试着倾听孩子的心声，让他有机会跟心理医生谈谈怨恨。但如果这不管用，你就要接受现实，他们的关系已经糟糕到非你所能控制的地步，除非你设立规矩，强制让孩子行为检点，并用这些规矩鼓励你的新配偶，你才不会失去任何一方。

为了帮孩子养成有礼貌的行为而设立规矩时，要讲清楚你的惩罚措施。规矩中应该包括：礼貌地回答问题；不拒绝合理的请求；不要无端产生敌意。不要带着负面情绪去监督他们的执行情况，必要时买个口哨。

虽然你无法阻止消极事件的发生，但请相信，他们越是避免在彼此面前表露负面情绪，越是积极地对待对方，他们就越能更快地在新家庭里找到快乐。此外，如果他们对你的“权威”感到不满，那么大家至少有了一个共同的敌人。这似乎反而能增强孩子们之间的感情。

如果孩子主要是怨恨你，而一般的干涉措施又不起作用，那就不用再纠结。你和前任是和平离婚，而且双方达成了公平协议。如果对孩子做出过多的包容，或者在他面前努力为自己辩护，这会让你看起来非常内疚，好像做错了事情的人是你一样。

你依然有责任看护孩子，坚持探视孩子也不是为了控制他们，而是为了尽到作为家长的职责。所以，坚持正确、积极的家庭观，分担照顾、指导孩子的责任没做错什么，哪怕你的孩子不喜欢你。当你们确实无法融洽相处时，学会如何继续向前也非常重要。

长远来看，如果你们在一起相处融洽，并且感觉自己有成长的话，负面情绪通常也都会逐渐消失。你要相信情况会越来越好，生活最终一定会有改善。

你可以向朋友或者心理医生倾诉心中的失望与怒火，但不要在孩子面前表现出来。因为在孩子面前流露出任何明显的负面情绪，都会让你觉得理所当然。为人父母者都要做很多吃力不讨好的事情，比如在家庭氛围紧张时，仍然要尽力为孩子提供良好的成长环境。如果离婚不仅让孩子一直有愤怒情绪，而且冷落了新伴侣，那么你就对此束手无策，除非伴侣意识到自己被前任的孩子控制了。

作为丈夫的新伴侣，如果你认为自己的需求合情合理却没得到满足的话，那就不要花太多时间谈论你的怒火，或者为自己的索取而道歉。否则，虽然对方会为了让你感觉好点而关注你，但你们之间的问题会一直存在。你应该告诉丈夫学会拒绝有关前任的一些事情。

你要提出具体的建议，并让他用积极的方式广而告之，大肆描绘这样做的好处，比如孩子不会被宠坏，夫妻关系会更好。最后，你要做的就是静观其变，看看他是否会有变化，同时根据事实来做判断，不能只看他为了缓解你的担忧而说的空话。

快速诊断

无法实现的愿望：

- 让新的家庭成员能够和睦相处的能力；
- 不再为自己上一段婚姻的事情背负骂名；
- 让孩子们觉得他们没有权利逼迫你或者你的新伴侣。

切实可行的目标：

- 提供良好的成长环境，不管孩子们如何无理取闹；
- 弄明白真正原因、试着理解孩子之后，防止他做出伤天害理的事情；
- 哪怕孩子宣称他在你家里如同政治犯一样，你也要当个好家长；
- 不管你的孩子多么苛刻、索取无度，都要找时间组建新的家庭。

可以采取的办法：

- 当一切办法（尝试理解、看心理医生）都不管用时，学会接受并忍受抱怨；

- 不要因为把孩子的抱怨放在心上，或者让抱怨影响你的决策；
- 预想一个和家长身份有关的积极目标，哪怕你跟孩子的关系不太融洽；
- 纠正孩子的不良行为，将不良行为与负面情绪区分对待；
- 尊重你面临的挑战和取得的成就。

你的脚本：

对于离婚后不断跟你吵架的孩子，以及现在或之前的家庭成员，你可能会说……

亲爱的：

我可以理解离婚会带来______（冲突、世仇、敌意），但此时此刻我觉得继续______（交流、调解、发泄负面情绪）并不会改变什么。不管法庭如何判决，我都会去看望我的_____（孩子、以前养的狗）。我会非常有耐心，避免冲突的发生，同时我也不会允许孩子的粗鲁行为，会试着阻止那种行为。不管你有多少怒火和苦恼，我都相信自己可以为你提供一个美好安全的家，而且我会成为一个好家长。

关于离婚后如何养育子女，有很多积极的方法，但最重要的是保持冷静。其实如果你觉得自己要对孩子负全责，那么几乎不可能会保持冷静。在前二十年，你在法律上对孩子确实是负有全责，而且你在培养孩子的技能、挖掘他的潜力方面也花费很多时间精力，那么你就更需要花费时间去思考自己无法完成什么事情或者你只需要为什么事情负责。然后教育孩子也这样做，不管你能否养大一个孩子，都应该为之骄傲。如果你能接受自己无力改变的事情，用你们仅有的资源全力以赴，那么你更应该为此自豪。

04 滚蛋吧，混蛋君！

很多人都会在生活中遇到让自己感到无可奈何的“混蛋”，不过他们也有些“特殊”——似乎患有某种精神疾病。这些混蛋可能是你的朋友、爱人、父母，你想用爱、理性去拯救他们，却差点把自己“带到沟里去”。面对混蛋，你到底该怎么办呢？

F*ck Feelings

没错，
混蛋总是赢得多，
输得少。

与活佛仁波切、励志大师和情感调解节目宣扬的理念相反的是，某些人就是会变成坏蛋。理想世界中，每个人天生都具备做出道德选择的能力，而在现实中，这些人并没有那种与生俱来的能力。他们迫使人们寻求治疗，这也是本书设立专门一章讨论他们的原因。

我们可以用混蛋君来称呼他们。这并不是侮辱他们，而是一个技术性的称谓，用来强调他们的身份。他们的冥顽不化和攻击性并不是针对某一个人。因为每个跟他们亲近的人最终都是引火烧身，所以我们非常有必要跟混蛋保持安全距离，因为他们的自命不凡使得自己就像响尾蛇、海啸和粉刺让人想要远离。

你也可以叫他们精神病患者，或者他们患有严重的自恋型人格障碍[①]，抑或是其他奇特的疾病。简单来说，混蛋君通常都表现得像个恶棍却不自知。这些人并不是你在气头上骂他们混蛋的人，他们之所以是混蛋君是因为独特的行为方式。同一件事，当你看到道德选择和不利后果；混蛋君却会看到无礼、强烈的要求，以及当那些要求没被满足时他们捍卫自己不受伤害、被公正对待的权利。

如果每天你都要被迫跟混蛋君一起生活，你很可能会对他们产生强烈的感情。这可能会促使你向合适的专业人士寻求帮助，比如让他去看精神病专家或心理医生。尽管很多人似乎都会相信，精神病专家能够驯服混蛋，让混蛋们重新做人，但实际上没人有这样的能力。大多数人都想成为混蛋终结者，但这个想法非常糟糕乃至愚蠢。你越早意识到无法改变混蛋，你就能越早能在日常生活中忍受混蛋。

那些在生活中确实遇到混蛋的人，仅凭经验就知道任何

---

① 自恋型人格障碍在生活中表现出强烈的以自我为中心的性格特征。这类人性格内向、重视自我、对人冷漠、缺乏同情心，渴望得到持久的关注和赞美。若别人对他们提出了批评，他们会暴跳如雷、愤愤不平。他们很不擅长处理人际关系，容易产生孤独、失望、抑郁的情绪。——译者注

人都不能改变他们。实际上，混蛋君从来都不愿意主动去看精神病专家，他们只会控诉强制自己看精神病专家的行为就是一种伤害或者虐待。

你可能认为没人会故意亲近混蛋，但问题是，混蛋经常都很有吸引力，他们就像疯子一样，向人们传达很多真情实感，而且强烈的感情很有吸引力。他们看起来就像是悲剧的受害者，当他们向聪明人求助并对这些人赞誉有加时，我们就会忍不住伸出援手。这会让你感觉自己就像生活在浪漫肥皂剧里一样。

混蛋让我们有机会走进他们的生活，并扮演了一些角色——英雄、受害者、蒙受不白之冤的人。至于要具体要扮演哪一角色，这完全由你决定。此外，他们天生就不会压抑自己的怀疑和犹豫，所以他们说起话来就更有信心、更加坚定。不幸的是，混蛋们起初会是你最好的朋友或爱慕者，后来却会逐渐把你列入仇敌名单。

如果你自问是不是一个混蛋，那么你肯定不是。因为混蛋从来不会自问，他们只知道自己很完美，问题都是别人的。虽然我们大多数人有时候都会表现得像个混蛋，但我们会努力抑制，这是人性使然，也是我们从精神病专家、心理医生以及其专业人士那里寻求帮助的原因。其实我们当中很多人都会被那些有时让我们变成混蛋的某些本能控制住，但我们一生都会努力地抑制那些本能。虽然驱魔只在电影当中管用，但大量的治疗方法也能够让我们变得更强大，并抑制内心的恶魔。

接受自己在与混蛋君打交道的事实，这就意味着你不再希望能用爱、理性、治疗或者“见鬼去吧”的怒吼来改变他们的不良行为，也意味着你会接受因为他们的不良行为而带来的任何痛苦和失控场面。这样一来，你管理他们不良行为的能力或许会有所提高。混蛋君没办法被拯救，但你可以改变自己的心智。

跟有“混蛋”属性的朋友 say goodbye

如果想要描述被混蛋利用后给自己造成的羞辱感非常困难。首先，这似乎既恶心，又无法从生物学角度讲明白；其次，它还经常涉及一系列让现实生活情况更糟糕的戏码。其实你在生活中遇到的混蛋君大多数都不是冷冰冰的变态杀手，可能一开始会非常怀疑他们，但后来就会渐渐产生信任感。因为现实生活中的混蛋君们都会将自私都掩藏在虚假的热情下面。

这就意味着，当你们的关系恶化后，你不仅要承受混蛋君说过的坏话以及做过的坏事的影响，还会产生严重的心理阴影，甚至你会开始怀疑自己，然后还会幻想有朝一日你们能够和好如初。这种体验很难描述，因为太不可思议了。但当它实际发生在你身上时，就会显得很真实而且会让你很痛苦。混蛋们连同他们的愤怒，会像雪花一样，以各种形式朝你扑面而来。但令人欣慰的是，不幸发生后，你完全可以按照类似的步骤恢复过来。

如果你和信任的好朋友出现了以下情况，那就证明他是个混蛋君：

- 与他争论之后，不论你怎么努力压抑怒火、放低姿态，最终都失败了，而且让情况变得更糟；
- 你意识到那些伤害、背叛自己朋友的坏人实际上没有那么坏；
- 他觉得主要是你造成了当前的局面；
- 他的话语以及行为会伤害你们彼此，但其目的只是为了实现所谓的“正义”。

人们表达的愿望包括：

- 弄明白之前最好的朋友怎么会变得这么难以交流；
- 恢复与某人曾经和谐友好的关系；
- 让关系亲密的某人开窍；
- 停止混蛋行为。

下面是三个问诊例子：

问诊现场 I

现在我才发现，原来生意伙伴完全是个混蛋。刚开始，我们合作得非常愉快，他也似乎非常有激情，也很容易接受我的商业计划。只要我们相处融洽，我们就真的是一个完美团队，而且也会变成亲密朋友。可是，当经济衰退时，他从我们的生意中拿走了钱但却不承认，而当我用证据跟他对质时，他却反咬我一口。他认为自己比我更努力，理应分到更多的钱。这简直是一派胡言，我可以证明他在撒谎。自此以后，他就开始向其他合伙人说我坏话，甚至指控我偷东西。他的这些行为毁掉了我们的生意以及我的声誉。我想在他恶毒的谎言产生毁灭性影响之前，停止他的行为。

问诊现场 II

母亲在我很小的时候就去世了，从那以后，我们几姊妹就承蒙姨妈和表哥的照顾。一直以来，我们都相处融洽。但是，自从外婆死于一场交通事故后，一切都变了。姨妈拼命地控诉每个牵涉那场事故中的人，并且还说自己有权继承外婆的大多数遗产，因为我们是“我爸的孩子”，而她是直系亲属。她将我们姊妹扯进一系列的诉讼中，而我们根本就付不起诉讼费。现在她毁了我们赖以生存的家庭关系。我想阻止她变成一个只认钱而不顾亲情的怪物。

问诊现场 III

六个月前，我第一次遇到女朋友，而那时她刚从一段虐恋中恢复出来。她几乎被伤得体无完肤，但我们真的是互相吸引，而且我也毫不犹豫地帮助她。她说遇到我是她这辈子最大的幸运。我真的很爱她，觉得这就是我这辈子遇到的最亲密的感情。所以当她一个月前不再理我时，我根本就无法理解。之后我求了她好几个月，请她告诉我到底有什么问题时，她说我只不过是想用金钱和性来控制她，而现在她和在瑜伽课上认识的那个小伙子在一起反而觉得更舒服。我被甩了，但我不明白自己做错了什么。我想让她记起我们从前的美好，并努力找回那份爱情。

人们很难相信你无法辨别一个贪婪、撒谎成性且没有原则的混蛋，特别是当你认识他很多年时。但有时候你确实无法看到一个人的阴暗面，除非压力使得他露出了真面目。我们倾向于喜欢那些让自己感觉良好的人，也非常自豪自己能够快速做决定与谁交好，并且能够相信自己的选择，但考虑到勇气带来的恶果，以及勇气产生的源头，我们应该对彼此了解更多以后再做决定。

所以，哪怕你是经验丰富的聪明人，也会很容易被打感情牌的倾听者忽悠。无论如何，与你原本会终生相信的那个人分手后，你会意识到了解对方历史的重要性。最终，你会更加相信事实而不是感情。

其实，发现某个人是坏人并没有成就感，反而会让你很痛苦。更让人难过的是，你听到他散播你的谣言，你根本想不到他会做那种坏事。当你们正面相对时，切记第一原则就是，不要表露你的负面情绪。因为你正在与一个满身都具有爆炸性的人交流，某个消极词句都很可能会引爆他，而那只会给你带来危险。

快速诊断

无法实现的愿望：

- 你们和好如初；
- 对方立即停止胡说；
- 减轻自己的伤害，不再为此发怒；
- 彻底的“终结”；
- 稍微控制他接下来的所作所为。

切实可行的目标：

- 接受感情破灭的现实，放弃挽回；
- 不再给对方的怒火增添戏剧化、情绪化、有破坏性的燃料；
- 不再让怒火控制你的决策；

- 让时间来说明一切，从戏剧化的事件中逃离；
- 合理合法地保护自己。

可以采取的办法：

- 请一位律师，他会指导你如何正确地维护自己的合法权益；
- 保护好自己的资产，防止它被混蛋君恶意获取；
- 必要时才与对方交流；
- 表现得自信且坚定决心；
- 做最坏的准备。

你的脚本

对于那些不顾及你的感受且对你指手画脚的混蛋，你可能会说……

亲爱的：

尽管我们现在确实存在分歧，但作为曾经的合作伙伴（或情侣），我确信我们可以积极地处理矛盾，所以我们有必要弄明白怎样才能继续向前。我提议按照律师的建议处理一系列事宜，我相信这样对我们都有好处。最后，我还是希望你______（一切顺利、身体健康、收获满满），希望这一切很快就能结束。

父母是混蛋？尊敬理想中的父母吧！

这个世界上没有什么能够阻止混蛋生孩子，有很多孩子不得不面对混蛋父母。这些孩子经常遇到的问题包括被羞辱、被攻击或被忽略，与此同时，他们还经常因为父母的苦恼和坏习惯而内疚、自责，主要是混蛋父母总认为错在别人。孩子们经常都会非常敏感、不安，除非他们积极地对抗这个世界——要么当恶霸，要么当警察，或者当超级英雄，抑或是心理医生。

我们想要尊敬爱戴自己的父母，但当他们是个混蛋时，要想做到这点非常困难，甚至会毁了自己。当你没有确定清晰的是非观念，而混蛋父母又对你犯浑时，你可能会对此反应过度，这非常危险。其实你能做的就是尊敬理想中的父母，哪怕你的父母不是自己理想中的样子，你也要认识到，理想型的父母非常值得努力实践。

如果父母中某一人或双方做出了以下举动，那他们就是混蛋：

- 他不断地抱怨你毁了他的生活，以至于某个时刻你希望自己能够真的毁了他；
- 当你失败时，他总是喜欢往伤口上撒盐，而且还认为那是自己“诚实”的体现；
- 当你冒犯了他时，道歉永远都不够；
- 他切断了所有的情感纽带。

人们表达的愿望包括：

- 不要再跟父母互相算计，而是成为真正的家人；
- 从不幸的童年中恢复过来；
- 搞清楚为什么自己的父母不停地做那些下流肮脏的勾当之后，他们还是会觉得无助和愤怒。

下面是几个问诊例子：

问诊现场 I

我的母亲是个喜欢小题大做的人。她想控制家里的每一个人，还认为那样做是为我们好。她经常爆粗口，而且“动手能力”也很强。当我们还很小的时候，她就打过我们，而且她打完之后，要么会忘记自己的行径，要么觉得都是别人的错。哪怕如今她已是七十九岁高龄，脾气还是很差。我一直避免跟她发生冲突，直到一年前，我发现她对我的孩子也非常刻薄。那时我非常生气，直接就让她走，并且断绝了跟她的一切往来。但从此以后，我就感到非常内疚，经常怀疑自己到底爱不爱她。我知道她肯定觉得自己被抛弃了，觉得自己被虐待了。我不想对她刻薄，也不想再对她无礼。我只是想知道到底要拿她怎么办。

问诊现场 II

父亲一直以来都很难相处，我不知道母亲怎么受得了他。因为我是他的独子，所以他对我非常好。但是自从我结婚后，一切都变了。他不喜欢我的妻子，喜欢说她的坏话，甚至在家庭聚会中也拒绝跟她说话。妻子也不喜欢跟他待在一起，因为父亲对她真的非常刻薄。我认为双方不相往来并不好，但我不知道怎样才能突破他的心防。我想知道怎样才能处理好他跟我妻子的关系。

问诊现场 III

我的公公是个很难相处的人。他喜欢酗酒，而且由于婆婆已经去世了，他就成为我老公唯一的亲人，所以这么多年来我都尽力忍受他来看望我们。然而为了方便看望孙子孙女，他却决定搬到离我们更近的地方住，这成了我的噩梦。我是个全职主妇，因为孩子还太小没上学。我的公公在任何时候都可能醉醺醺地突然出现，然后抱怨他的生活多么不公平以及他的儿子有多不孝顺。除此之外，他还总是承诺带孩子们出去玩，比如去钓鱼或者动物园，可他往往都会在最后一秒爽约，或者干脆就忘得一干二净，因为他喝醉了。我的老公不知道该怎么办，他也不敢说任何话，因为他认为这会让父亲伤心，然后就有可能会自残。我想让丈夫明白他的父亲有多恐怖，他需要改变这一切。

如果生活对每一个人都很公平，那你就可以让这些混蛋

父母明白，他们的恶劣行径正在毁灭家庭，你却在努力维护。假设你并不恨他们，而且对冲突和补偿也不感兴趣，那你肯定希望这些年事已高的父母能够控制好自己的情绪，并且能够跟他们的孙子、孩子以及任何人都能好好相处。或许在那个公平的世界里，他们会倾听、道歉，并参加互助会，如果能够听到他们讨好我们的话，那就可以体验到真正的魔幻现实主义了。

你可能做梦都想突破混蛋父母的心防，因为他们恐怖荒谬的责骂给你的童年留下了太大的阴影，几乎要笼罩你的整个世界。但是你必须记住：作为成年人，你有自己的价值观和经历。不论他的愤怒是否会给你造成伤害，这都不能改变你的选择或者你对自己的判断。当你知道从来没有人成功过时，就不要尝试着去突破他的心防。你要学会接受他的混蛋本质，这有助于你避免冲突，而且能将他做坏事的概率降至最低。你需要做的是多关心他，履行自己的家庭义务就行了。

最重要的是，不要为混蛋父母的内疚和苦恼而自责。即便你真的感觉到他们的内疚，也不要表现出来。因为你没办法让他开心，而且你也不能转变自己的感情，但是通过建立规则，表现得自信乐观以及不再有负罪感，并且充分利用有限的时间与自己珍爱的混蛋相处，你就能够变成一个有能力应付混蛋父母的人。

快速诊断

无法实现的愿望：

- 不要因为混蛋在身边，就总是感觉厄运即将来临；
- 有能力让混蛋父母开心；
- 保护你的家人不遭受肮脏之事的伤害；
- 与混蛋父母保持良好的关系。

切实可行的目标：

- 做自己认为对的事，不管混蛋父母对此多么愤怒；
- 坚持自己对家庭的正面看法，而不要被父母的负面看法所影响；
- 保证在与混蛋父母相处期间不要发生争吵；
- 与混蛋父母分享充满正能量的事情。

可以采取的办法：

- 发现是否有一些你真正能够跟混蛋父母一起完成

的事情，或者为了混蛋父母而完成的事情（比如改善她的健康、增强她的安全感）；

- 考虑到自己有限的资源和上述事实，弄明白自己在此过程中承担的责任；
- 利用各种技巧（避免单独见面、在你可以随时逃走的公共场所见面、通过邮件而不是电话传递信息）来防止他们情绪爆发；
- 尊重自己的努力。

你的脚本

对索求无度、强加罪名的混蛋父母，你可能会说……

亲爱的：

我非常感激你曾经为我做的每件事，我也仔细倾听了你的话。我印象最深刻的是______（你工作有多努力、你多么完美地度过危机、我对你提出了多少要求）。我完全不同意你对我______（养育孩子的方法、忘恩负义的态度、发型）的指责，所以我会坚持______（挂掉讨厌的电话、请有能力的保姆照顾孩子、不参加家庭度假）。因为我认为这对所有人而言都是一个最佳折中办法。既然我们都说清楚了，那么这个话题就到此为止。过几天我再跟你联系，我们可以讨论其他任何事情，比如那部我不喜欢你却非常喜欢的电影。

你是否知道有些混蛋非常善良？

既然我们已经确信混蛋不是有意作恶，那么还有一点也非常值得注意，有些混蛋实际上是一个非常善良慷慨的人，他们的愤怒也并非总是如同火山一样。他们非常讨人喜欢，渴望帮助别人，愿意许下诺言，直到他们被需要拯救的人搅得心烦意乱。一旦发生那种情况，那么之前他对你的所有承诺就都不管用了。

他们之所以是混蛋，不只是因为他们不可靠，还因为你太过敏感自私。如果你因为他们不信守承诺而不开心，那其实不是他们的问题，他们只不过是做了自己认为正确的事情，你却只是一个自私的混蛋。

与此同时，他们的朋友和孩子可能会考虑自己是否要表现得更邪恶或者用受伤的方式，抑或是讨人厌烦的方式来引起上述混蛋的注意。不幸的是，哪怕他们那样做取得了成功，也只是暂时的胜利。

所以很多混蛋是愤怒的十字军，善良的混蛋就成为了受害者。他们实际上非常希望你能够开心，即便因为自身无法避免的原因让你受尽折磨。他们不太可能会起诉你，而且会让你因为想起诉他们而产生内疚感，但如果你不想失望、生气，那就保持距离。

拒绝和混蛋过招

混蛋们通常都有着非敌即友、非黑即白的世界观，所以一旦他认为自己从你那里受到了伤害，就会想办法让每个人都跟你作对。他会告诉所有人你对不起他，然后还会跟你的孩子、朋友、法官、当地新闻热线以及整个互联网分享自己的感觉，这就使得你会被千夫所指。由于他们只会凭借自己的感觉来判断发生了什么，所以从来不会怀疑自己。这种做法，简直让你感到绝望，如果你能够隐姓埋名重新开始（没有混蛋的）生活，那你算是就走运的了。

但是如果你无法忍受混蛋的这些行为，忍不住站出来表达自己的愤慨并妄图证明自己的清白，那你就会在麻烦里越陷越深。这只会适得其反，让你看起来更像是有过错的一方。

一般来说，混蛋的谎言都不高明，他们没有考虑到该如何掩盖事实，而很多人会相信他的谎言是因为求证事实需要时间。最后往往是那些有独立思考能力且不会人云亦云的人能发现真相，可这种人毕竟是少数。与此同时，你可能会发现自己需要逐一回应人们提出的尴尬问题，你不再信任自己的家人、朋友，甚至还面临着限制令和日渐增多的诉讼费。

与其浪费时间思考这个混蛋会怎样毁掉你的名声，还不如鼓励自己全面考虑问题，并且学会保持沉默。不论你多么想抗议，都不要让他的阴谋得逞。

什么时候应该害怕混蛋的社交灭绝政策：

- 回到自己的出租屋时，却发现你的钥匙打不开门；

- 严厉的警察站在门口想跟你谈谈；
- 偶然得知你最亲密的朋友开了个派对却没有邀请你参加；
- 你的孩子不再给你打电话，或者完全把你当成一个陌生人；
- 你想告诉别人自己不是坏人，但没人会相信你。

当人们想要“击败混蛋”时，表达的愿望包括：

- 让群众看清真相，为自己洗脱罪名；
- 让警察结束针对自己的调查；
- 可以用暴力赶走混蛋；
- 想办法看望孩子并解释自己的立场；
- 不用再上法庭为自己辩护。

下面是一些问诊例子：

问诊现场 I

虽然我的婚姻几年前就已经破灭了，但我有两个可爱的孩子。妻子越是对我们大呼小叫，我越是觉得孩子们需要我的陪伴和保护。但我没想到妻子声称我打伤了她，并申请了限制令。我发誓自己这辈子都没对她动过手，但警察和法官都不相信我。他们只知道让我冷静，就好像我真的是暴脾气一样。随后我又接到了一个社工的电话，他说有人匿名举报我对女儿实施性侵犯。然后我就再也见不到孩子了。为了洗刷罪名，我请了一位收费很高的律师，现在我只能睡在母亲家的沙发上，四处跟朋友借钱。我的愿望是不再让自己的生活变得支离破碎。

问诊现场 II

我的前夫是个能言善道的混蛋，他对我和孩子以及工作从来都不怎么上心。最重要的是，他还嗜酒如命，经常将绝大部分的工资拿去请酒吧的狐朋狗友们喝酒。那些人都认为他是个大好人，我们的孩子也这样看待他，而我却成了一个卑鄙无耻、脾气暴躁的人。他从来不管家庭开支，所以我既要赚钱养家又要照顾孩子，他却在外面逍遥快活，而且总是表现出自己什么也没做错的样子。最终我们离婚的原因就变成是我的刻薄，而他是受害者。孩子们都责怪我，这让我的新男友处境尴尬，尽管他是个很好的人，而且肯定会成为我的新任老公。我不想对孩子说前夫的坏话，但我的新男友和我不该承受这一切。我想让孩子们明白他们的父亲到底是个什么样的人，然后不要再为难我和我的男朋友。

问诊现场 III

几年前，因为老公工作变动，我们搬到一个新的小镇。我觉得自己在这里找到了一群好朋友，尽管我不喜欢其中一人对我们颐指气使，但我还是忍住了心中的不快，因为我认为这不过是因为她占有欲太强罢了。当她建议我改造厨房而被我拒绝后，她突然就不跟我说话了。我认为这没什么大不了，但随后我们共同的朋友都不再跟我说话了。我这才意识到自己不被这个社交圈的欢迎。这就像高中时代的吵架一样。更糟的是，这件事情还影响到了我的孩子，他们的孩子也不跟我的孩子玩了。我觉得非常难过，而且我想知道那个人到底说了我什么坏话，然后把问题说清楚。

混蛋的谎言可能会给你带来非常猛烈的伤害，比如让你有家不能回、让你被警察调查，或者离间你跟家人、朋友的关系。这些事情会让你非常害怕，但幸运的是，在大多数情况下，这些都只会发生在荒诞的警匪剧中。

哪怕面临着最激烈的攻击，你也要相信时间的力量，最终会恢复你在最重要的人心中的信誉，特别是在你孩子面前。另外，轻易就相信你做了坏事的朋友并不是真正的朋友。你的耐心和坚持是证明自己清白的最重要的品质。请耐心等待，并相信自己，不要将自己的不幸看成是个人的失败，也不要觉得有必要改变别人对你的看法，因为这明显不可能发生。

聪明人就会发现，虽然反抗来自攻击者的袭击可能会重创对方，但不会帮到自己，还可能会激起更邪恶的反攻。你要记住，在比较谁更邪恶的过程中，混蛋总是可以轻易击败你，你越是抗议，看起来就越是有罪。只有当事后当你有机会陈述事实，并揭穿混蛋的谎言时，你才有优势。

与其攻击或防守，还不如花时间研究那些指控，然后形成自己的判断。把个人情绪放在一边，问问自己和相信自己的那些人，你的行为有什么错。回想自己设立的关于当一个好伴侣、好父母和好朋友的标准，不管你的律师提醒你注意哪些法律或财政标准，都要坚持到底，然后再判断自己是否做错了，就像判断朋友那样。这个举动的目标不是让你变得完美，而是足够好就行了。当然，你也应该问问自己这些谎言是否真的源于混蛋。你要挖掘混蛋的背景，特别要评估一下，当他们受到威胁或者不开心时，他们的思想会变得有多么肮脏、多么极端。

当你确信问题不在自己身上时，那你唯一的过错就是对混蛋抱有感情。哪怕这段感情是你自己的选择，那也没什么大不了的。

不要回击混蛋，除非你在法庭上，或者你觉得有必要，抑或是你很可能会取胜。你要做的就是为自己寻找合适的帮助，武装自己。可能这样做永远也不能完全减少社交或法律上的损失，但你可以增强自己的判断力和自信心。当你觉得有必要时，可以更有效地进行反击，从而成为一个比自己想象中还要更好的人，那肯定比那个混蛋要好得多。

快速诊断

无法实现的愿望：

- 让人们看穿混蛋的谎言；

- 让混蛋承认自己说谎，承认自己还做了很多其他的坏事；
- 正义终将来临；
- 确定噩梦终结的时间；
- 弄明白怎样才能不再感觉无助。

切实可行的目标：

- 学会如何评估自己的行动，坚定地渡过难关；
- 防止自己因为感情受损而痛苦，或者不再期待美好的感情；
- 学会赢得诽谤战争的手段；
- 利用你在诽谤战争期间学到的手法找到更好的感情。

可以采取的办法：

- 就如何保护自己以及财产征求法律的意见；
- 不要凭借本能说话做事，因为你的本能跟混蛋的本能一般都是错的；
- 让律师、精神病专家或者好朋友来帮助你谨慎地做出书面回应；
- 创造并保留书面记录；

- 尊重自己的努力，不管你可能会得到多么负面的回应，也不管你需要忍受多少愤怒、无助的情绪；
- 拒绝被卷入虽然有意义，但最终总会因为恶语相加而结束的情绪交流。

你的脚本

对一个说你坏话的混蛋，你可能会说……

亲爱的：

我给你写这封信，是因为我非常珍惜我们的感情，我们一直相处得很愉快。但我听说你感觉被冒犯了。关于你对我 ______（虐待儿童、外遇、不尊重你）的指控，我想这中间一定有什么误会。我的行事标准跟你一样，而且我也审视了自己的行为，但并没有发现有什么做错的地方。我不会承认你的指控，只能希望时间和证据最终会改变你的想法。与此同时，我不会让争论妨碍我们一起 ______（抚养孩子、参加教堂的面包义卖活动、支持新英格兰爱国者队），我再也不会旧事重提。如有需要，请安心通过邮件联系我。

表 4.1　和混蛋争吵时的用语

不要说	要说
我真心觉得……	天气很好，我说的对吗?
为什么我就是没法让你看清自己捅了什么大娄子?	我很喜欢跟你在一起，但如果不换个话题，我就会结束本次谈话。
如果你不换话题，那我恐怕没有必要再继续本次谈话了。	休息一会儿，当你感觉好点了时，我们再去吃午饭。
如果想消除误会……	这件毛衣太柔软了，不是吗?
我不想伤害你的感情，当你开始大喊大叫后我才赶你走的。	忘掉过去，让我们活在当下，谈谈你对 3D 电影的看法吧!
你需要改变自己的行为。	你非常善于发现好餐馆!

拯救混蛋的英雄，别忘了你的底线!

尽管我们在上册的第四章已经探讨过当“圣母”的弊端，但你还是要警惕自己想要拯救混蛋的本能。这种本能会给你带来很多危害，比如你会迷恋他们的魅力，对他们承受的痛苦满怀同情，而这种亲密感情有可能会引发混蛋的兽性，事实上你并不是在帮助他们，而更像是用鞭子抽打愤怒的老虎，这种拯救无异于抱薪救火。

确实，混蛋也可能是受害者，这值得同情。如果非要给出不帮助他们理由，那就是因为他们无法阻止自己对他人造成的伤害。尽管如此，你有责任保护自己，特别是当你知道他们都很危险，而且之前所有的帮助都没有作用时。

拯救混蛋最可怕的危险不是因为你会受伤，而是你的行为可能会造成永恒的伤害，会损害其他的承诺。如果你想对混蛋行善，那么请一定要了解清楚其中的风险。

怎么判断你对混蛋太过友善：

- 他们经常打电话告诉你说，你是他们唯一信任的人，而且他们经常不分时机地打电话；
- 混蛋对你的信赖会让你想起《浮生一日》[①]（*Days of Our Lives*）中的各种镜头，但是要更有趣；
- 你其他的朋友和家人经常抱怨说打不通你的电话，因为你的电话比混蛋热线还要忙；
- 其他人比你自己更担心你被牵连太深。

① 一部以“爱和恐惧”为主题的电影纪录片，来自五大洋七大洲的创作，网罗世界万象的题材，获得了 192 个国家网友的支持，收集了八万多个趣味盎然的镜头，见证了 2010 年 7 月 24 日这一天的生活片段。——译者注

人们表达的愿望包括：

- 帮助混蛋忘掉过去，摆脱现在的施虐者；
- 阻止施虐者，就好像自己是专门治理混蛋的大英雄一样；
- 让混蛋免受坏习惯的侵扰，无条件支持他们，使他能够摆脱海洛因、酒精或者性的困扰；
- 向混蛋表明他可以完全信任某人。

下面是一些问诊例子：

问诊现场 I

我在尝试帮助教过的一名学生，他天赋异禀，五年前就从我所执教的高中毕业了，当时我是他的英语老师。他第一次找我帮忙，主要是因为他觉得辅导员对他有偏见，自此以后我们就经常联系。我很开心自己帮助他挺过了严重的抑郁症和毒瘾复发。最近，他可能会从研究生院退学，这让他倍感焦虑，所以他每晚都会打电话给我，而一旦聊起来就是一小时。我不明白这是为什么，他暗示说自己又在嗑药，而且总是回想起被父母殴打虐待的日子。我见过他的父母，他们看起来并不像虐待狂，但我相信他最希望从我身上得到可靠且无条件的接纳，所以我不希望自己说的任何一句话会让他感觉我在批评或反抗他。我想弄明白怎样才能赢得他的信任。

问诊现场 II

说到感情问题，我妹妹最大的敌人就是她自己，我希望我能帮她控制自己。当她心情好时，她会觉得每个人都魅力超凡、友善温和；而当她心情不好时，她恨不得把人赶走或撕成碎片。但她随时随刻都有可能会心情不好，这就不妙了。她不喜欢跟父母交流，也不再跟我们的哥哥交流了，虽然以前她最好的朋友就是哥哥。现在她唯一剩下的朋友住得很远，她发脾气时，那个朋友也不能时时刻刻陪在她身边，所以直到现在她们还没有闹掰。不知为何，她突然找我寻求安慰，因为她觉得家里其他人都背叛了她。看到她饱受折磨的样子，我心都要碎了。我想弄明白怎样才能利用她对我的信任改变她。

问诊现场 III

我的男朋友正在努力赚钱，这样才能从他父母家里搬出来。但是经济形势太糟糕，我非常理解他找一份正式工作的艰难程度。他十八岁时因为盗窃被定罪，每次老板做背景调查时，以前的不良记录都会让他羞愧难当，所以当他请求我帮忙运毒品时，我很难拒绝，因为没人会怀疑我，而警察却一直盯着他。他需要多赚点钱，这样才能自己做买卖，然后我们就能够一起过上新生活了。我不介意帮他贩毒，因为这是在帮助我们自己，但我母亲说这会让我惹上大麻烦，而且我还有一个孩子需要照顾。我想弄明白怎样帮他改过自新，开始新生活。

坚持成为一个乐善好施的人不仅能让我们的生活更有意义，而且会让我们变成一个好人，同时这也是正当得到自尊的方法。但是，乐善好施的关键在于是否可行且不会给我们带来危险，因为拯救混蛋通常都既不可行又非常危险。

你在主动帮助别人缓解痛苦和解决问题之前，请仔细进行风险评估。这并不是让你对自己即将帮助的人冷嘲热讽或者心存反感，而是让你理智地看待事实。例如，如果有人说她被虐待了，你不必知道这个说法是否真实，而只需要知道她目前是否能在不被虐待时忍受感情中正常的磕磕绊绊，同时对品行一般的朋友也不会抱有偏见；如果她在吸毒，你可以假定她是为了缓解焦虑情绪或治疗抑郁症的痛苦。尽管如此，当帮她戒毒时，你还是需要知道她能否承受住任何程度的痛苦和挫折。

问问自己，如果这个混蛋认为你是他所有痛苦的根源，最坏的情况是什么？很明显，如果他选择背叛你，并跟所有的朋友说你的坏话，你肯定会非常痛苦，但是对于一个混蛋而言，这只是他邪恶面目的冰山一角。他完全有能力向警方举报你，不管是控告你性虐待还是其他违法之事。他已经告诉过你很多自己被虐待的事实，如果你让他失望了，他也会将你看成施虐者，然后认定你跟施虐者一样都要受到最严厉的处罚。

不要拒绝帮助被虐待、被蹂躏的人，但也别忘记，有些受虐者尽管自己没做错什么，可是他们非常危险，因为当受虐的混蛋开始反攻时，他们根本不会顾及任何底线。

快速诊断

无法实现的愿望：

- 让一个不相信任何人的人相信你；
- 通过付出将恨转变成爱；
- 填补别人内心的空虚。

切实可行的目标：

- 保持乐于助人的品格，同时学会保护自己不受伤害；
- 识别那些真正需要你帮助的人，并真正地帮助他们；
- 收养一只流浪宠物也比收留一个残疾人更好。

可以采取的办法：

- 仔细调查那些“施虐者”，不要以为他们全都是白痴、坏人，或者觉得他们没爱心和同情心；
- 在不清楚别人因为痛苦而要做什么，以及他的做法是否会给其他人带来伤害或麻烦之前，不要轻易安慰他；
- 恪守你以前与性无关的承诺，包括对自己和家人的承诺；

◈ 当干坏事的人处于痛苦之中且还打算继续干坏事时，尽量远离那些人。

你的脚本

对于那些需要帮助的混蛋，你可能会说以下话……

亲爱的：

我很同情你被虐待的事实，你可能会觉得正因为如此才 ______（嗑药、咬指甲、在身上文了一只海豚）。如果你什么时候觉得自己不再 ______（嗑药、对别人发脾气、在社交媒体上发表种族主义言论），我可能会非常乐意帮你，但现在作为 ______（朋友、心理医生、非毒品贩子），我恐怕是爱莫能助。我会全力支持你，希望你能成功。

表 4.2　当别人冤枉你做了坏事时，你为自己辩护的用语

不要说	要说
事实不是那样！	谢谢你告诉我。
我可以告诉你到底发生了什么。	我会好好想想。
你错了，你是混蛋。	朋友，我仔细考虑了一下，还是认为……
我现在就需要你道歉。	恐怕我不能同意，但不管怎样……
我希望那样能消除误会。	求同存异？太棒了！
我希望我们能够好好交流一下！	下一个话题：你是否看过《金装律师》(*Suits*)？我发誓这是一部很好看的律政剧！

混蛋自有“老大”收

每个人在公司（或家里）都至少会遇到一个混蛋，他们通常都令人难以忍受。当一个混蛋在本该安静有序的环境中行为失控时，通常是因为组织里领导人未进行管教。

不幸的是，哪怕最强悍的领导也无法阻止混蛋犯浑，但是，他可以降低混蛋造成的损失，比如炒他鱿鱼，或者用相关条款对此进行约束。如果你在自身权威不足的情况下，就想尝试对抗混蛋，这很可能会给自己惹上麻烦；而当你没有管理权时，你越是想改变混蛋的不良行为，其他人就越是会

反对你。不要认为你有职责让公司变得更加美好，特别是当你对此无能为力的时候。抗衡之前，首先想想为什么管理者会放任不管？

如果混蛋扰乱了你的工作和思绪，向领导请求帮助，这很合理，但如果领导只想让每个人和睦相处，他们可能会以你更擅长处理人际关系为由，让你负责摆平一切。如果你不同意，并且暗示这是他们的责任，那你是在讽刺他们尸位素餐。

你应该做好自己的本职工作，不要理会混蛋，或者找份新工作，但无论如何都要保持风度，为自己能在恶劣的环境中工作而自豪。离开公司再找一份更好的工作吧，因为如果老板是个好人，他绝对不会允许混蛋的存在。

遇到以下情况，你应该知道不能理会公司（或家里）的混蛋：

- 混蛋跟老板一个姓；
- 你的老板（或父母）穿的T恤上写着“我非常温柔，人畜无害”（即他们能容忍混蛋）；
- 当混蛋的行为使你受到困扰时，你却什么也不能干；

※ 一旦和混蛋发生了正面冲突，你会认为自己用力量放倒了一个挪威海怪式的混蛋。

人们表达的愿望包括：

- 阻止公司（或家里）的混蛋给自己带来痛苦；
- 弄明白为什么没人对上述混蛋采取任何措施；
- 弄明白为什么大胆抗议混蛋只会引火烧身；
- 知道混蛋到底在做什么。

下面是一些问诊例子：

问诊现场 I

姐姐和我从小就争吵不断。本以为我们都是二十多岁的人了，而且迫于经济压力都住在家里，应该会握手言和，但问题却更加严重了。她是个怪胎，跟谁都处不好，除了讽刺挖苦我，她无事可干。我下班回到家，她就开始说三道四，一直等到我回到自己的房间，才能躲开她。当我向父母抱怨时，他们说姐姐本来就与众不同，如果我不喜欢大可以搬走，但我没有钱，而且我每个月都要付房租给他们。当我真的在竭尽全力取得进步，努力当一个善良的好人时，我很想每天晚上不用回到家里躲避姐姐。

问诊现场 II

公司里有一个贱人又蠢又懒，他非常喜欢跟老板以及团队里的其他成员开玩笑，所以他混得如鱼得水。但是，他对我和团队里的其他女性却不屑一顾，只会在关键时候掉链子。如果我们对此抱怨，他就说我们更年期到了。我试过告知那个贱人，我对他的工作和态度不满意，他却说我不善于与人相处。我喜欢这份工作，而且不想将同事间的矛盾闹到老板那里去，因为这样会显得我小肚鸡肠。我也不想因为男士们不尊重自己的话就闭口不言。我想知道该怎样解决这件事。

问诊现场 III

我的领导完全就是个暴君，有很多人觉得公司的业绩评估简直是个笑话，但只有我一个人去找HR理论，而这却让我在公司无立足之地。大老板是个和蔼可亲的人，我试着他反映问题，他也答应会调查此事，但过后什么动静也没有。之后，领导对我的业绩更加吹毛求疵了，我感觉他们要把我逼走。公司的气氛令人不快，领导要负主要责任。我不明白他怎么能够为所欲？而且我想保住自己的工作。

期待家中或公司的领导者能够做点什么阻止混蛋犯浑，这非常合理，而且在你确信自己查明真相后，理智地跟管理人员谈论这个问题也非常合理。但是在你采取行动前，你应该想想为什么之前无人抗议混蛋。

不幸的是，答案通常是父母、老板以及其他能忍受不良行为的人出现了问题。他们可能比混蛋更可爱，但这样逆来顺受简直比混蛋更可恶，对此你毫无办法。既然如此，那就不要继续抗争，否则你将面临一场永远也无法取胜的战争。你要做的就是在坚持自己原则的前提下，想尽办法无视混蛋。你只需继续保持礼貌，做好分内之事，同时开始淡化自己跟这个社交圈或职场的联系，然后迅速寻找下家。要记住，你首先应该满足自己的个人发展需求，而不是拯救家庭或者团队。

混蛋就像是衡量管理者能力的测试机：通过观察领导者

怎样处理混蛋的不良行为，你可以判断出他们的领导能力有多强。领导者的能力越弱，他处理混蛋问题所用的时间就越长，表现得也就越粗暴。

如果你的公司总有一个混蛋能够为所欲为，那么他有朝一日也很可能会越过雷池。你可以对此进行估量并利用其影响力，这并不是让你期待发生坏事，而是让你调查，看看对混蛋来说雷池是什么，然后做好防备。但要记住，你的目标不是复仇或者表达愤怒，而应该是主持正义以及维持秩序，如果它值得你投入战斗并且有胜算的话。

不要因为家里或公司的混蛋以及他们的不良行为而心烦意乱，相反，你应该看看领导者对此的态度，然后决定是否需要找一个更好的地方去生活和工作。

快速诊断

无法实现的愿望：

- 被公平对待，而且老板会保护你不受欺负；
- 看到违法乱纪之人被依法处置；
- 你的合法申诉能得到受理；
- 大家普遍认可你的勤奋努力和奉献。

切实可行的目标：

- 希望混蛋去欺负一个刚好有能力制服他的人；
- 换个办公室、卧室、工作……；
- 在家办公，这样你就可以安静地完成工作（或者找份新工作）；
- 当你去面试时，学会判别混蛋和无能的老板。

可以采取的办法：

- 当你确定沟通不管用时，那就保持沉默；
- 不要抱怨混蛋、“好好先生”老板或者工作；
- 不用批评来威胁混蛋、老板或父母；
- 安慰自己能够找到更好的工作。

你的脚本

如果混蛋把你的生活变得一团糟，你可能会对混蛋的领导者或家人说……

亲爱的：

谢谢你前几天倾听我的担忧，现在我知道怎样更

好地回应关于 ______（我的工作、所谓的不良行为）的分歧。我也有一个行动计划，包括 ______（为团队默默奉献、听同事把话说完、做好自己的分内工作）。我认为这些措施会起作用。

永远别指望解开你和混蛋之间的心结，这只会让情况变得更糟。如果你试图“摆平一切”，你会发现自己也会变成了一个混蛋，你会被复仇、终结和正义所驱使，从而忘记自己最初的目标和本来的面目。

当混蛋跟你的生活发生冲突时，你可以感觉痛苦、不公平、不正义，但你的目标应该是继续向前，坚持走自己认为最有意义的道路。你越能坚守自己的人生观，就越能从中看到意义。

05 讲真，永远不要放弃治疗

当你发现自己抑郁、焦躁或愤怒到无法控制时，会想要去寻求专业人士的帮助吗？如果是，恭喜你，你已经走出情绪管理的第一步。无论是选择心理治疗还是药物治疗，为了让自己放心，你都有权利选择接受何种治疗，或在治疗过程中改变治疗方案。

F*ck Feelings

你说，
有病为什么不看医生呢？

哪怕你通读这本书，并从中学会有关管理预期、接受局限以及跟混蛋争论的所有知识，可能还是会想要寻求专业的帮助，而你也不确信自己会知道“治疗”的主要内容。

现在，你所读的书就是一本完整指南，它会教你如何处理生活中最常见的难题。我们会根据你的情况，判断你是否真的需要寻求专业帮助、哪类帮助效果最佳、何时停止治疗等，基本上我们会提供所有你需要的信息，不会让你感觉无助，且能够安心接受治疗。

不管怎样，治疗所能提供的帮助通常都不全面，还需要你自己的努力，所以你要尽可能地博闻强识，这样你才能判断自己是否需要更多的帮助和治疗的好处（光凭阅读这本书远远不够）。

你真的需要接受心理治疗吗?

本书提出了很多解决问题的方法，比如讨人喜欢的有锻炼和仁慈，惹人讨厌的的有限制和闭嘴。当然，还有很多心理治疗方法和药物治疗方法。

作为心理医生，一般情况下，我们很少会在一开始就建议进行心理治疗。因为治疗费用高且持续时间长。如果你抱着较高的期望接受治疗，最后治疗效果不理想的话反而会给你造成更大的伤害。

很多人认为心理治疗是个极度情绪化的过程，多少有点让人毛骨悚然。当一个富有同情心且善良的心理医生让患者认识和体验痛苦、记忆与感情时，人们想当然地认为它会触及到患者的潜意识，同时人们还认为它能够提供彻底解决抑郁症的办法。

不幸的是，人们想象中的疗法跟大多数心理治疗一样，很少能起到明显的作用，有时甚至完全无效。总之，医疗保险公司宁愿在药物治疗上为你花钱，也不愿意给你报销任何频繁、无休无止且效果不明确的心理治疗。

关于能够彻底解决问题的治疗，如果做到了当然最好，但这通常只会发生电影里。现实生活中，大多数问题都有多种原因，而且很多原因都无法改变，所以如果你对心理治疗抱有很大期望，那你肯定会失望。

但是，那些承认这一简单事实的人（包括心理医生和患者），在治疗不起作用时都不会觉得自己失败。确实，那些承认心理治疗有局限性的心理医生，他们早就发明了很多新方法来实现特定的目标，比如通过反问、灌输新理念、提供建议以及训练特定行为等。当你考虑要接受治疗时，你要知道除了传统的心理分析治疗方法，还有很多其他选项。那些治疗方法并不神秘莫测，也不会杂乱无章。

大多数疗法都会让我们学会特殊技巧来处理明确的问题，比如饮食障碍或者强迫性神经官能等症状。很少有一种疗法会让你描述对所有事情的感受，或者分析自己的行为，比如现在糟糕的约会习惯为什么会与六年级时失去心爱的仓鼠之间存在千丝万缕的关系。

总之，如果你觉得自己需要治疗，总会有一种简单的方法能够判断你是否需要接受治疗、你应该在哪里寻找心理医生以及治疗是否管用。但要记住，尽管有很多治疗方法可供选择，它们之间却是天差地别，而且它们也都有局限性，没有哪种治疗方法会能保证有立竿见影的治疗效果。如果你能承担治疗的成本和风险，那么很可能会获得最佳的治疗效果。

人们希望心理治疗能够发挥以下作用（但实际上不能）：

- 全新的自我（或者至少是一个不那么令人讨厌乃至嫌弃的自我）；
- 再也不会冲动地做一些愚蠢、自寻死路的事；
- 彻底治愈抑郁症、焦虑或者解决生活中大多数让人头疼的问题；
- 更好的感情。

人们表达的愿望包括：

- 直击问题根源；
- 不再感觉那么糟糕；

- 克服抑郁症和焦虑；
- 不要再作死了。

下面是一些问诊例子：

问诊现场 I

从高中开始，我经常会感到抑郁，但最近我却很焦虑。我认为这跟自己的失恋有关系，我不知道这是否说明我选错了人。我真的想知道是不是自身的问题毁掉了那段感情，我是不是还有更严重的问题……这一切都让我觉得自己可能需要跟别人多交流，但问题是，哪怕是我的问题值得倾诉，我却不想靠吃药治疗，因为那样会让我神经麻痹到感觉不到任何东西。我想搞清楚自己需要什么样的治疗。

问诊现场 II

妻子说我似乎非常抑郁，她觉得我需要接受治疗，可我觉得自己并不需要。她很担心我，因为有时候我还会朝别人大吼大叫，她认为这样会影响同事对我的看法。我曾经问过一个同事，他表示同意，说我有时看起来确实很生气、很抑郁。我相信他们的话，但是我的自我感觉很好，虽然我从来都不会表现得兴高采烈。我猜想，可能是生活的压力让我看起来特别苦大仇深，可我不确定医生是否能帮助自己。我想弄明白他们到底在说些什么，如果需要的话就去寻求帮助。

问诊现场 III

自从孩子出生之后，我的婚姻就再也不顺心如意了，因为老公特别喜欢跟酒肉朋友去酒吧。我并不想贸然离婚，为了解决问题，我让他跟我一起去看夫妻治疗师。他抱怨说我频繁的唠叨和批评让他感觉很不爽，只有离开家躲到外面去才能避免争吵；我解释说自己之所以生气，是因为总感觉一无所有，总是要故作坚强。治疗师鼓励我们发泄自己的感情，并批评老公没有尽到自己的职责，但他并不承认，还说需要重新找一个支持他的治疗师。所以最后夫妻治疗根本没起作用，但我还不准备放弃。我想弄明白为什么夫妻治疗不管用，是应该继续治疗，还是重新找个公正的治疗师。

如果你腿疼的毛病总是治不好，那你肯定会毫不犹豫地去找医生，医生会帮你查明腿疼的原因，为你提供各种治疗方案，很可能其中一种就非常简单而又最有效，“当当当当”，腿就好了。

悲哀的是，持续的精神痛苦并不像腿疼那样容易查明原因。大脑就像是人体的杂物抽屉，虽然科学初步地了解到抽屉的结构，但是对其中事物的确切位置还是一无所知。这就使得医生很难给你提供绝对有效的治疗方法，而你也难确定何时去看医生才是最明智的选择。

哪怕大脑比四肢更复杂、更神秘，其实决定你是否要接受心理治疗，就跟决定你是否要接受其他药物治疗一样，你只需要考虑自己的经济能力以及现有的问题是否会影响接下来的生活。

因为人们认为心理治疗神秘莫测，于是他们潜意识里就假定它有某种强大的魔力，可以根除苦恼，甚至能把你变成一片无忧无虑的雪花。同时，如果你对心理治疗也有如此不切实际的期望，那你会沉浸在无法实现目标的痛苦之中。所以你要依靠自身经验来判断治疗是达到了预期效果，还是几乎无效。

如果你在失恋后感到焦虑和抑郁，那你很容易会假定是失恋引发了痛苦，你会想当然地认为自己只需要和更多人交流就能够解决。如果你以前从来没有抑郁或焦虑过，那么这种假定有可能成立。通俗地讲，每个人都可能会受伤，但不是每个人都需要去看医生，但最有可能的情况是，你不是第一次出现这种症状，尽管你跟朋友和家人深入地交流过这个问题，但症状却依然存在。这也从侧面说明了，心理治疗要想做到快速、彻底治愈病症并且保证永不复发是根本不可能发生的。但是，你可以利用心理治疗帮自己抵抗由抑郁、焦虑和生活所引发的负面情绪。

当你将失恋后的心痛归咎为爱上一个错误的人时，也许需要找一个靠谱的治疗师帮你总结经验教训，防止在下一段感情中再犯相同的错误。这不仅可以帮你在未来找到更好的伴侣，而且又能抵抗由抑郁引发的负面情绪。

如果想要寻找合适的治疗师，那就需要用心了。太多人都会犯这样的错误：随便挑选一位保险公司提供的治疗师，然后如果那个治疗师不管用，就认为所有治疗师都不管用。事实上，找到一位合适的治疗师需要花费时间，就像是挑一位好导师一样。你需要寻找一位对自己的课题感兴趣的导师，而且他能够有效地调动你的积极性，同时又能接受你特别的学习方式。

至于说到药物，是否需要吃药是由你来决定。有时候，选择服药的理由很简单，比如你已经卧病在床了。

如果别人认为你需要帮助，但你并不认同时，那么恭喜你，因为你能够承受痛苦且不会感知到它。很明显，你很在意自己的行为对别人产生的影响，哪怕天生不能感知痛苦，你也宁愿让妻子高兴。

仔细想想，你无端的暴戾是否损害了自己的家庭教育、婚姻和领导能力。比起暴戾，偏执只不过是一种讨厌却无害的性格特征，就像恳请别人跟你击掌，或者在每句话末尾都打个问号一样，都是一些讨厌却无害的行为。如果你觉得脾气古怪确实有所妨碍，那就找位治疗师帮你查明问题，更有效地管理自己的行为。

如果治疗让你不再抑郁和急躁，那就说明你就变得更加强大了。但是，哪怕你没有变得更强大，也不要认为自己或者治疗很失败。有些人天生就是性情乖戾，不善于自省，哪怕他们非常聪明且过得一帆风顺。即使治疗没有解决问题，那你也应该获得赞赏，因为你在为此费心。

当你找到的夫妻治疗师无法说服落魄的配偶戒酒、下班早点回家时，那你要记住——你的治疗目标不是改变他，而是鼓励他改变这些行为。当然，不管你的治疗师多么鼓励你们彼此多沟通，当配偶对你进行辱骂和人格攻击时，这些都无效。

在治疗过程中，也许治疗师会对你的抱怨表示认可，但跟你一样，他也无法让配偶理解你的处境。所以不要再因为自己愤愤不平而内疚，也不要因为无法让丈夫理解你的观点而自责，与其更努力地让配偶意识到问题的存在，还不如想清楚对策。停止反复思考“本可以”“本应该”的问题，停止不断抱怨自己的丈夫。一般来说，当治疗师也没法得到更好的结果后，他们就不会给你提供更好的方案。

不管是继续当前的治疗还是重新找一位治疗师，你都要选一位能够帮你表明自己意愿的治疗师。那时，不论丈夫能否理解你，你都知道自己已经在尽力地挽救婚姻。

只要是你认为可能有效的治疗方法，都可以大胆尝试，但不要反复地尝试同样的方法，也不要幻想治疗突然就会起作用。相反，用失败的治疗来调整自己的对疗效的期望值，学会忍受疾病。允许你调整自己的选择，不管是换一种疗法还是换一位医生。

只要你不害怕提问题，不害怕权衡利弊，那你很快就能知道自己到底想了解什么样的治疗。比如你应该寻找具备哪种专业知识和个人品质的医生，怎么评估治疗进展。

快速诊断

无法实现的愿望：

- 拥有改善生活、改变行为的洞察力；
- 获得更大的自信心；
- 可以尽情地宣泄，这样能减轻忧伤，学会在有生之年偶尔享受生活；
- 跟混蛋拥有一段幸福且没有冲突的感情。

切实可行的目标：

- 让你苦恼的事情，在接受治疗和不接受治疗的情况下，确定自己各有多大的掌控力；
- 充分了解自己应该接受、不应该接受哪些治疗，以及它们各自的风险和成本；
- 当决定是否该寻求风险更大、成本更高的治疗时，一定要考虑清楚；

- 只要治疗值得尝试，就接受它，不管它们能否给你带来积极的结果。

可以采取的办法：

- 客观地决定你的问题是否需要接受治疗；
- 明白自己必须接受什么治疗，它们的风险和成本是什么；
- 请一位合适靠谱的治疗师；
- 评估某种特殊治疗方法的效果，以及它的成本和副作用，不要将效果不佳归咎到任何人头上；
- 那些你认为值得接受的治疗，除了会让你感觉更好之外，列出别的优势；
- 看看自己是否还需要接受那些应该停止的治疗。

你的脚本

关于治疗决定，你可能会对自己、朋友说……

亲爱的：

我觉得自己应该能够 ______（感觉、做得、叙述得、运转得)更好一点,但是我不会让 ______(受挫的雄心、别人的评论、同辈的攀比）迫使自己浪费时间去接受治疗，除非这个问题可能会 ______（让我丢掉工作、把我的配偶逼走、让我在餐厅点一份玉米煎饼时都能突然放声大哭或暴跳如雷)。如果我觉得有必要接受治疗，毫无疑问我会进行充分研究，然后判断治疗是否 ______（值得一试、不适合我、完全就是垃圾）以及治疗的风险和成本。

基本的治疗方法及其定义

尽管本书中我们尽量避免使用精神病学术语，但在描述不同种类的治疗方法时，要想避免术语基本不可能，其中很多术语（比如 CBT[①]、精神病药物学）对于一般人来说就如同天书一般。

下面我们会简要描述几种疗法，包括它们被医保覆盖

① 认知行为疗法，由 A.T.Beck 在 60 年代发展的一种有结构、短程、认知取向的心理治疗方法，主要针对抑郁症、焦虑症等心理疾病和不合理认知导致的心理问题。它的主要着眼点，放在患者不合理的认知问题上，通过改变患者对已、对人或对事的看法与态度来改变心理问题。——译者注

的几率，这些疗法由谁来执行、有什么副作用以及它们在BTPS排行榜上的评分（BTPS又叫做“胡说八道——实事求是数值比”，满分10分）。根据BTPS的标准，如果一种疗法评分为1，那么它就完全不靠谱（例如，新世纪晶体型的胡说八道，依靠意志力等），而如果一种疗法的评分为10，那么它就是一种客观公正且可以预测的疗法（例如，一种尚未被发明但是可以由机器人操作的疗法，现存的一些疗法跟它很像）。

当然，你也可以跟主治医生讨论、上网查询或者跟朋友交流他们的经验，以此来了解更多有关各种治疗方法的信息，但这本书只会介绍一些基本信息。

疗法基础知识	执行者	内容	缺陷
老式的、学院派的心理疗法 保险覆盖度：保险公司认为这种治疗主次不分且无休无止，而治疗师认为保险公司想要骗患者的钱。 BTPS：3~4分。	精神病医生（医学博士），心理学家（博士）、社工和护士。（以下简称“那些临床重点学科的从业人员”）。	治疗师问“你感觉怎样？”然后会解释你说出那种话的原因，最后还会解释为什么你会在非常伤心的时候生气或者在特别生气的时候会伤心等。	这种疗法在大多数患者当中都不流行，因为他们想要更直接的答案，而没有很多耐心进行痛苦漫长的等待，特别是当他们要为此花钱时。

（续表）

疗法基础知识	执行者	内容	缺陷
时下流行的疗法 保险覆盖度：能覆盖，但是必须要有可预测目标，而且愿意每隔几个治疗周期就中止治疗并提交进展报告。 BTPS：4~6 分，不同的治疗师，分数也不相同。	那些临床重点学科的从业人员，但是跟你谈心时更像是顾问或老师，而不像老式的精神病专家。	治疗师提问并给出建议、支持和批评。基本上是一位专业的朋友，因为法律的约束，所以他不能泄露有关你的任何信息，甚至要承认不认识你。	不确定，主要看精神病专家的能力和稳定性，也要看你们之间的默契程度。
精神药理学 保险覆盖度：能覆盖，前提是医院在可以使用便宜的仿制药时没有选择过度昂贵的药品。 BTPS：7 分。	精神病医生和护士，至少大多数情况下是这样。	快速接待，主要集中在评估和开药上，药物都可以减轻抑郁、焦虑，集中注意力，减少疯狂想法和幻觉。	治疗师为你看病时本该问问你的态度、症状和用药情况，而且，药物经常不可靠、效果不佳，或者有副作用。
CBT 保险覆盖度：通常都能，至少会报销几个月的费用。 BTPS：7 分。	那些临床重点学科的从业人员，但是更多的是心理学家和社工，而不是医学博士。	首先确定你脑中的扭曲想法，这些想法通常因为交流、抑郁和其他情况所引起，然后教你进行身心锻炼来抵抗它们的不良影响。	不会快速缓解症状，但如果进行 CBT 锻炼，你会感觉更强大，而且会减少糟糕的负面想法。

（续表）

疗法基础知识	执行者	内容	缺陷
DBT（辩证行为疗法） 保险覆盖度：同上。 BTPS：7分。	那些经过DBT特殊训练的临床重点学科的从业人员。	一种集中关注绝望、自怨自艾和自虐想法的疗法，会教你一整套的认知行为锻炼方法，帮你保持乐观心态。	不会立即减少你伤害自己、离家出走或自暴自弃的冲动，只是会降低频率。
ECT（电休克疗法） 保险覆盖度：出人意料地能覆盖 BTPS：9分（曾经非常低）。	医院里的医生。	是一种会让没有患有癫痫症的人产生痉挛的疗法，因为痉挛有助于治疗抑郁，而且只能在麻醉状态下进行。	会损伤你的记忆功能，会耗费大量的时间和金钱，因为你需要先接受麻醉，这样痉挛才不会伤害你。但是，可不要以为这种疗法真的像电影《飞越疯人院》中那么神奇。
TMS（经颅磁刺激疗法） 保险覆盖度：不覆盖。价格高昂且很难证明它的效果。 BTPS：可能比保险公司想象的要高。	那些临床重点学科的从业人员。	这种无痛疗法通过强大的磁场刺激大脑的特定区域，可能有助于治疗抑郁症，不需要麻醉，也不会导致记忆受损。	不便宜，保险公司不会报销，因为没有经过大量研究的证实。可能需要连续治疗多天以后才能进行周期性治疗

（续表）

疗法基础知识	执行者	内容	缺陷
夫妻或家庭疗法 保险覆盖度：看具体情况。 BTPS：6 分（曾经只有 4 分，那是人们习惯于将所有的个人问题归咎于整个家庭）。	那些临床重点学科的从业人员。	夫妻或者整个家庭一起去看医生，然后使用很多不同的技巧确定问题和冲突，让人们一起想对策。	如果治疗师过于鼓励人们发泄或释放他们的悲痛，这并不能保证一定可以防止事情完全失控。
弗洛伊德精神分析疗法 保险覆盖度：完全不覆盖。 BTPS：去查查《纽约客》这本漫画书就知道了。	过去常常是精神病医生（医学博士），现在主要是其他临床重点学科的从业人员，但从业人员需要首先在专门机构接受培训，这些机构会教授心理疗法的鼻祖西格蒙德·弗洛伊德的理论。	躺在沙发上，通常是每周几次，背对一个相对比较沉默的治疗师，他会让你描述脑海里的所有想法，然后对你的想法进行分析。	昂贵（每年 5 万美金），见效慢，但是让人印象深刻。因为这种疗法非常有趣而且刺激，所以如果你喜欢这种疗法又很有钱，那就好好享受吧。

（续表）

疗法基础知识	执行者	内 容	缺 陷
荣格分析疗法，又称类比性分析疗法 保险覆盖度：保险公司对任何分析性疗法都不认同，所以不覆盖。 BTPS：我们还是说它富有创意且趣味十足吧。	那些临床重点学科的从业人员，但是首选要在专门机构接受多年培训，这些机构会教授弗洛伊德的学生卡尔·荣格（Carl Jung）的理论。	与弗洛伊德精神分析疗法不同，荣格分析疗法会让患者专注于梦境、神话和民间传说——基于里面的原型，患者可以无意识地成为其中一个角色。 PS：荣格可能有精神分裂症。	跟弗洛伊德精神分析疗法一样，昂贵而见效慢，但会让有些人印象深刻。因为这种疗法非常有趣而刺激，所以如果你喜欢这种疗法的话，那就好好享受吧。
原始尖叫疗法 保险覆盖度：不在覆盖范围内！ BTPS：在评分榜中垫底。	那些临床重点学科的从业人员，但大多数是拥有硕士或博士学位的心理学家。	几近灭绝的疗法（曾在20世纪70年代盛极一时），主要在软垫病室进行，治疗师会鼓励患者在病室里大喊大叫来治疗他们童年的心理创伤。	吵闹而且不合时宜，很可能没有效果，但是软垫病室对于孩子来说真是极大的乐趣。

停止治疗不等于放弃治疗

治疗就像是跟人约会一样，敲定约会时间就已经很难了，但还要决定何时结束约会，这就更难了。这就像在某个时刻，你必须结束当前的治疗。

多数人会运用逻辑思维推断自己的治疗不会永远持续下去，但是只要他们渴望治疗能让自己变得更好，能够重新夺回对生活的掌控权，他们就会发现，治疗似乎永远都没有尽头。其中的原因当然是治疗的效果不大，人们认为治疗完全有效是指让痛苦完全消失，而那只有死亡才能实现。哪怕完全有效的疗法并不存在，但你在放弃治疗时会认为自己对生活中最想改变的事情负有责任。

如果治疗能够让你精神振奋，让你对未来抱有希望，那你会很自然地认为只要这种良好的感觉持续更久，你就不会完蛋。但是，若你的心理医生因为个人原因不得不中断你的治疗时，你就会发现自己没有了希望。

其实，不管治疗的频率有多高，或者探究你的隐秘感情和痛苦有多么深入，都很少能够实现你心目中期望的效果。所以，一旦觉得治疗没有效果，你随时都可以终止治疗，不管你是否还有很多问题。如果你的目标是从治疗中得到自己想要的效果，那就接受自己无力改变的事实，不要固执地认为只要自己再努力一点或者再多坚持一会，治疗就能给你带来更好的效果。你没有失败，只是治疗本身就没那么强大，而且可能也没有那么必要。

如果治疗没有给你带来实质性的改善,那么停止治疗（或者减少治疗强度）完全合情合理。毕竟治疗费用不低，停止治疗有可能会改善你的物质生活，即使你觉得自己还需要继续治疗。理想的情况是，治疗让你觉得自己并不需要执着于某一个人或某一件事，即使放弃它们会很痛苦——比如鼓起勇气离开经常施虐的伴侣或者戒酒——鼓起勇气放弃治疗本身就是成功的标志。

当然，停止治疗，这并不意味着你应该放弃自我管理，或者带着不良症状继续生活而不寻求治疗师的帮助。其实，你有很多方法可以填补治疗的空缺，比如阅读和参加互助小组。不要过分依赖治疗，除非你能证明治疗的意义非常重大，或者这种治疗方法独一无二。

有时候，你会发现自己确实需要持久的治疗才能防止旧病复发，那就在完全有必要的时候再接受治疗，尽量减弱治疗强度。如果你能找到其他的精神支撑，那就永远不要依靠治疗，因为治疗就像前任，只有对方完全摆脱了旧习惯，你才能跟她继续做朋友。

当然，其他了解你问题的人总是认为你需要治疗，但那只是他们的建议，你必须根据自身情况以及对治疗的了解来判断是否要继续接受治疗。

最后，当你不再依赖治疗时，仅靠自己毕生所学以及其他力量便能得心应手地处理问题时，你反而会感到更舒适。换句话说，你已经在继续向前了，接受治疗的那段时间将永远是一段特别的回忆。

以下原因可能会让你停止自己不喜欢的治疗，但你并没有：

- 割除大脑的焦虑中枢；
- 对批评的后天免疫；
- 无法避免争吵和冲突；
- 不管发生什么，你都坚信有能力照顾好自己。

在停止治疗前，人们想要实现的愿望包括：

- 更好地控制病情；
- 弄懂自己为什么无法停止令人烦恼的行为；
- 痊愈；

◆ 想办法紧紧抓住曾经帮助过他们的事物。

下面是三个问诊例子：

问诊现场 I

我喜欢去看心理医生，因为她帮我克服了胆怯。尽管我现在的社交生活一切顺利，但我还是不开心，所以我很犹豫到底是否要去找她继续治疗。她说我没有直击问题的根源，所以我的胆怯会反复出现，这会阻碍我建立正式的恋爱关系，但我却什么都不知道。我想弄明白自己到底是否需要继续接受治疗，以及为什么。

问诊现场 II

过去五年来，治疗师就是我的救命稻草。如果我再也不能去看他了，我不知道会发生什么。我可以感觉到他也很担心，但是保险公司说看心理医生并没有“医疗必要”，不会再给我报销费用。上次去看他之前，我非常抑郁，甚至想要自杀。现在我还是很抑郁，虽然一直以来我的工作都很稳定，也有不少朋友，但我很害怕回到从前。我想让保险公司明白我的治疗非常有必要，这样才能防止我跌入深渊。

问诊现场 III

一年前，我抑郁症发作时，医生给我开了两种抗抑郁药物，但我不确定现在是否还需要继续服用，因为我认为这些药根本就不管用，只会让我变胖，让我疲劳。现在我又回到了从前那种无聊的状态，我不明白自己为什么还要继续服用那些可能让我感觉更糟的药物。我想摆脱那些抗抑郁药。

虽然治疗的效果总是因人而异，但是在评估时，你最好将自己想象成一名公正客观的管理员，你的治疗师就是你的一名员工，客户就是你的生活。你有义务搞清楚治疗师对你的公司是否还有价值，或者根据他的表现是否应该辞退他。

亲友们会希望你不要承受那么多痛苦，他们可能会力劝你继续接受治疗。忽视他们吧。如果治疗师认为你应该加强治疗，那你要重视他的建议了；如果你不听从他的建议，很难取得显著疗效，因为从根本上来说，只有你才可以评估治疗对生活和腰包的影响，只有你才能决定是否需要继续接受治疗。归根结底，只有你最了解自己，你才拥有最大的发言权。

问问自己，如果治疗不能缓解恐惧以及不安全感，除了会让你焦虑、不快乐和自我怀疑之外，是否会给你造成其他伤害。当然，每个人都有这些情绪，如果它们没有削弱你的工作能力，没有让你很被动，那它们实际上可能对你有利。因为恐惧能帮你意识到危险，而自我怀疑能让你三思而后行。简而言之，感觉糟糕有时反倒对你有好处。当你能够证明自己可以长时间承担风险并接受新事物，而且还能够从容地处理那些一开始让你非常害怕，但适应之后却觉得不是很难的事情，那就非常了不起。

如果你认为治疗师为你提供了独一无二的服务，但你却担心有什么事情——比如说没钱、保险公司不报销或者治疗师因故离开——会切断你们彼此的联系，然后会让你失去救命稻草，你要记住，感觉不一定真实，那可能是你在严重的抑郁和焦虑症影响下产生的错觉。

如何彻底检验自己到底需要多大程度的治疗？可以选择逐渐减少去看心理医生的频率，然后找到其他的鼓励来源，比如十二步互助组、抑郁症患者互帮群和可以依靠的朋友。虽然跟心理医生之外的其他人分享自己的私密信息会让你感觉不舒服，但这值得尝试，因为你可以从中学到很多。如果你还没试过，那就自学 DBT 锻炼吧。

不论你是自掏腰包，还是找保险公司报销，都不要因为恐慌而气馁。想办法改变自己的鼓励来源，比如你发现可以减少每周一次的治疗频率，哪怕你需要继续接受治疗，也很可能不用定期去治疗或者每周都去治疗。这样做的话，你不仅能降低治疗成本，而且更有资本跟保险公司讨价还价。

如果你不担心自己会过分依赖治疗师，而是更担心自己会过分依赖药物，那么你的评估就需要更客观一点。因为评估药物也需要你全面地权衡成本和收益，即你是否要为了不再痛苦、焦虑和偏执而愿意变成大胖子、每天昏昏沉沉，甚至不能勃起。

只有你最清楚自己的症状是否频繁发作而需要预防措施，也只有你才能决定是否要吃效果好但有副作用的药物。如果你不确定，那就跟医生谈谈停药的问题。这能让你有机会检验药物的疗效，也能让你看清它是否有副作用（不要自行停药，因为有些药如果迅速停止服用会有伤害）。

你跟医生交流后可能还会了解到，如果你非常依赖某种药，那么终生服用它，实际上还能够防止你的脑子遭受细微的损害，而某些长年饱受慢性抑郁症折磨的人（没有服药）大脑则会有所损害。如果你始终无法接受自己过分依赖药物的事实（或羞于依赖于药物），那就把药物想象成胰岛素——糖尿病患者不会因为他们需要终身的药物而感到羞愧，你也犯不着难为情。

某种药物的副作用越大（比如某些抗精神病药物可能会引发糖尿病），越要尽快停止服用。一旦你发现它不管用了，或者找到了一种副作用较小的替代品，马上停用。你要衡量停止用药和继续用药之间的风险。最后，不管你作何决定，那都会是最好的决定，哪怕会让你变成大胖子。

不要将停止治疗想象得那么可怕、神秘。如果你相信自己的观察，并接受所有治疗都有局限性的事实，那你肯定能充分利用目前正在进行的治疗，然后取得最大的治疗效果。

快速诊断

无法实现的愿望：

- 摆脱所有毫无来由的抑郁和焦虑；

- 理解自己为什么会做一些不合理的事情；
- 消除自己人格中黑暗、邪恶、愤怒、可憎或者自我毁灭的一面；
- 跟那些想要寻死的人增进感情。

切实可行的目标：

- 通过推理法来判断自己实际控制了什么；
- 根据你如何应对无法控制的事情来评价自己；
- 学会管理弱项。

可以采取的办法：

- 将治疗当作工具，用来发现自己掌控的东西也有局限性的事实；
- 弄懂哪些治疗可行，效果如何以及有什么风险；
- 自己根据病情决定是否需要治疗；
- 自己根据治疗的进展情况，判断它是否有效，决定是否要继续；
- 当发现治疗非常不理想时，立即停止、推迟治疗或者降低治疗的频率。

你的脚本

当你开始考虑停止治疗时，你可能会对自己、家人、朋友或精神病专家说……

亲爱的：

我经常觉得自己的生活鸡飞狗跳，尽管如此，我总体上还是能够应对自如。我想知道接受治疗是否能帮我 ______（停止哭泣、停止焦虑、别再胆小如鼠），我已经仔细研究了自己的情况，决定可以接受哪些治疗。我会继续寻求帮助，直到别人一眼就能看出我已经改头换面，那时我就会知道，自己已经很好地处理了我的精神问题（或生活问题）。

成本更低的 DIY 治疗

在你进行治疗前，或者当你负担不起高昂的治疗费用时，我们建议你试试比专业治疗成本更低的替代选项。下面是这些选项的样本，按收益—风险比（benefit-to-risk ratio）从高到低排列。

选项	可用于	效果	缺陷
锻炼	抑郁、焦虑	数小时内就能减轻抑郁和焦虑，至少能暂时让你忘掉它们。	锻炼时容易受伤，而且很快就会旧病复发。
健康饮食	抑郁、焦虑	要看运气，所以只有试过了才知道是否有效果。这意味着你要忌口，但不一定要吃得很少，因为没人会因为挨饿而觉得更开心。	一切都要根据实际效果来评判，不要因为某个早晨你吃了一大盘蔬菜后不抑郁了，就贸然开始“健康饮食”。
12 步互助组	一切	帮助你抵抗任何种类的上瘾或者负面想法。	你必须找到能够帮到自己的小组，但有些小组并没有。
药物、瑜伽	焦虑	肯定会有所帮助，有些人还觉得获益匪浅。	并不是对所有人都有效，跟锻炼一样，瑜伽也存在受伤的风险。
科学论派	会给某些人赋予一种意义和给予归属感。	可以填补空白，或者最少能让你更接近汤姆·克鲁斯。	价格昂贵，且不会包容圈外人，也不会原谅决定离开的圈内人。
脑叶切除术	终止危害生命的症状，比如抑郁，但可能会让你因为很少的脑受伤就发生痉挛。	实在没有办法时，可以采取这种方法，但最好不要这么做。	可能会让你行动不便或者性情大变，所以自 20 世纪 60 年代以来就再也没实施过。如果你真的想做，那就只能拿根筷子或者高尔夫球棒自己动手了，但是千万别那样做！

爱他，就让他接受治疗

如果谁回答《家庭问答》[①]（*Famliy Feud*）中“你无法控制的东西是什么”为“自然重量”和“天气”，那么其他答案就应该是“别人的意志”了。当你想让某人接受心理治疗而他觉得自己不需要时，你会想尽一切办法逼他们就范。如果你认为控制别人很难，那就试试掌控那些无法控制自己思想的人。你迫使他们接受治疗的冲动可能会把自己逼疯。

也许你希望他在“接受治疗”后（哪怕是被迫的），心理医生或治疗过程当中的某些事情能够改变他的想法，让他自愿寻求帮助，然后他不但会原谅你的逼迫，还会对你感恩戴德。不幸的是，精神疾病的治疗跟其他医疗问题一样，通常都需要患者主动配合。如果把患者逼得太急，她不仅不会感激你，还会对你大动肝火。

如果某人在被迫的情况下接受了心理治疗，那么他们只会等着看治疗的副作用。他们只会被动地服从，不会主动参与，也不会完成心理医生布置的作业。如果他谨遵医嘱开始

①《家庭问答》是美国一档非常著名的电视节目，节目主打团体智力答题游戏，答题者要以最快的速度回答新问题，抢到最高红利得分，才能赢得奖品。——译者注

服药，那么他很快就会受到副作用的不良影响，在药物未生效之前，她就会停止服药。如果你的目标是向她证明，治疗可以救她，那么她的目标就是向你证明，治疗根本没用。在你们的博弈当中，通常都是她胜出。

尽管在某些特殊情况下，强迫某人接受治疗可能很值得，但在大多数情况下，这种建议通常在一开始就会被忽略。承认自己迫使别人进行治疗的能力有限，这比你只知道步步紧逼更有效率。

总是会存在这样的特殊情况，你觉得某人有伤害自己或者他人的可能。只有那种时候，警察和心理医生才有权利违背患者意愿强制他们接受治疗，但都不会持续太久。即便如此，也需要法官来判断患者是否会造成重大伤害，以至于需要强制治疗。如果有造成伤害的风险，那你可以猜测到他是否要被收监了。（请注意：在大多数西方国家，把一个人强制性地、无限期地关进收容所的日子早就一去不复返了，法律早已发生了翻天覆地的变化，就是为了防止不必要的收监，几乎所有的公立医院都已经被拆毁，而改造成了花哨的公寓。）

有时候，那些从来没有接受过治疗的青少年，当他们被强迫接受某种治疗后，反而疗效显著。不管怎样，你都可以向别人宣传接受治疗的好处，甚至亲自给他提供一些特殊治疗。

然而，在此之前，你必须学会如何控制自己的无助感，这样你才不会最终以表达愤怒或恐惧收尾。

尽管强迫某人接受治疗通常都不可能，但也并非亘古不变。学会如何将治疗看成一个珍贵的选择，而不是一种惩罚或义务，那才是最好的办法。你的目的在于引导，而不是控制他们，这样他们就可能会做出正确的抉择。

对于那些拒绝接受治疗的人，你想要提供的有：

- 保证接受治疗能够缓解他们的抑郁、焦虑、毒瘾等；
- 治疗效果显著而且没有任何副作用；
- 精神病院或康复机构感觉就像是四季酒店而没有消毒液或尿液的气味；
- 一个有魔力的治疗师，只要跟他们进行眼神交流，就能让他们愿意接受治疗。

人们表达的愿望包括：

- 让某人在伤害自己、丢掉工作或者家破人亡之前就去接受治疗；
- 让某人看清他们的病症对自己多么不利；
- 停止自寻死路的行为；
- 向某人证明这次治疗有作用。

下面是三个问诊例子：

问诊现场 I

自从两年前母亲去世后，父亲就一直抑郁而且暴躁，但他不接受治疗。他一直以来都脾气暴躁，但母亲可以容忍他的缺点，让他展露自己可爱的一面。现在他就是个彻头彻尾的可怜虫，我觉得他都会承认自己不可理喻——那也是他可怜的原因之一——但是当我建议他试着和医生交流时，他却说心理医生都是同性恋，精神病专家都是满口胡言的恶棍。与此同时，他早就把一些朋友给逼走了，而且我的孩子也非常害怕见到他。我想让他寻求帮助。

问诊现场 II

女朋友承认她患有抑郁症，但她坚持说接受治疗毫无意义，因为以前就从来没起过作用。她从八岁开始就去看心理医生，断断续续接受了多年治疗后却仍旧毫无起色。大学退学后，作为重新入学的条件之一，她才勉强同意继续接受治疗，但收效甚微。我经常发现她独自哭泣，甚至会看到她手臂上有伤口。如果治疗真的没用，我觉得自己完全无能为力。当她不抑郁时，她是如此的聪明而有趣。我认为她会有更好的精神状态，但她坚持说自己没法做到。我想知道为什么治疗对她不起作用了，并且找到能帮助她的方法。因为如果我不帮助她，她是否能够活下去都是一个问题，更别谈我们的感情。

问诊现场 III

我认为哥哥从来都没有真正得到他需要的帮助。过去十年间，他断断续续地去医院查出了很多毛病——抑郁症、精神抑郁症、精神分裂症——多年来

> 他一直在接受治疗，吃了很多药，但好像都不管用。没有人可以明确地说出到底哪里出现了问题。现在他又有了自杀倾向，但我不知道他是否在服用药物，我甚至连他是否去看了医生都不知道。我只知道我不能强迫他接受治疗或者吃药，他太善于隐藏自己的疯狂想法了。我只知道如果他决定寻死，我根本就没办法阻止他。我想找到一个能真正帮助他的人，让他好好地活下去。

精神疾病存在很多未知之谜，奇怪的是，人们居然以为，通过治疗就一定能解决精神疾病。未知之谜就意味着没有绝对答案，所以如果治疗不起作用，那么你要做的并不是持续寻找新疗法，而是彻底地超越治疗本身。毕竟，那些饱尝悲痛的人当中，肯定有一些已经尝试过很多治疗方法却毫无效果（或收效甚微），而其他知情的人却认为自己身边的每个人都需要专业帮助。哪怕治疗明显不管用，你也不能随便逼迫别人接受治疗。

另一方面，如果你认为某人处于危险之中，且生活无法自理了，那他的病就不是未知之谜了，而是个彻底的噩梦。

不管他同意与否，你可能都会逼迫他住院治疗。唯一的问题就是他是否会伤害自己，如果答案肯定，那你就要请警察来帮忙。

总之，不要害怕改变，不要害怕做判断。如果你可以多搜集一些信息，多问问自己一些简单的问题，那你就能知道强迫别人接受治疗是否值得，或强迫的难度有多大。

如果你爱的人正在抑郁，或者因亲人亡故而痛苦，你肯定会力劝他们接受治疗摆脱痛苦。但如果抑郁症将他们变成了邪恶的混蛋，那么不管你劝他们做什么，都只会让痛苦转移到你身上。这样的话，还不如让自己看起来像个治疗师，然后找到积极的办法来改变他的负面行为。毕竟，你的建议和鼓励也许跟治疗师能提供的方法一样珍贵。治疗师经常都不知道患者如何对待别人，只能听信患者的一面之词，你却不同，你能够更好地观察问题，并给出特别中肯的建议。

你可以设想若干种可能性。首先跟他的主治医生聊聊各种治疗方法，那样你就可以打下良好的基础。你可以告诉他如果不接受治疗，只会让别人对他敬而远之，包括那些他非常喜爱以及非常喜爱他的人。任何顾问给的意见也不过如此，但只有你是免费提供建议。你也可以怀疑他是否认清了问题的严重性，如果答案肯定，那你也帮不上什么忙。

就跟正派的治疗师一样，你无须保证他会感觉更好。如果他不再那么刻薄，在短期内他确实会感觉更糟糕，但是你可以向他保证，长远来看，他会收获更好的感情，会更喜欢他自己。你要向他表明，你会一直陪伴他，帮助他抵抗疾病，也会尊重他的决定。只有这样，才能获得他的信任，同时让自己免受伤害。你可能永远也无法让他接受治疗，也不可能通过杰出的业余治疗帮他搞定一切，但你知道自己已经尽力了，因为你是在尊重他的基础上积极地推动他进行治疗。

当伴侣声称抑郁症的治疗不管用且不值得继续下去时，你肯定会怀疑她是否试过所有合理的治疗，或者她太悲观了。如果你认为还有一些是她没有尝试过的治疗方法，那就告诉她，看她作何反应。如果她实在是受够了治疗，连听都不愿意听，那就不要强迫她改变，否则你会从她喜欢的伴侣变成极端蛮横无理之人。

相反，你要接受这个现实：改变无异于是痴心妄想。你要试探她在别的方面是否也是如此悲观，然后估量你们的感情是否也会受此影响。

请用积极的方式说出你的底线，让她知道你尊重她忍受抑郁的能力，但你认为她的治疗策略太过消极，会错失接受治疗的机会。你可以接受伴侣有抑郁症，但无法接受她不好好照顾自己。如果她不认同你的看法，那就做个渣男，结束这段感情吧。

如果你爱的人病情非常严重，随时可能会自杀，那就不要抱怨之前的治疗，而是忘掉过去，做现在该做之事。仔细想想你是否听他谈起过死亡或者谋杀，是否见过他“意外地”出车祸或者吃安眠药。如果你听过、见过，那就先报警，然后向精神科医生求助，医生会决定是否要把他锁起来。不要担心他会责怪你剥夺了他的自由，责怪你让他噩梦缠身。做你该做的事，确保他还能活着生你的气。

如果发生了一些坏事，不要为谁应该受责备而纠结。尊重事实，严重的精神疾病其实很难忍受，珍视自己和其他人为了帮助他所付出的一切努力。有些人会说自杀是懦夫和失败者的行为，不用理会这些话；当一个人病入膏肓、性情大变时，你还依然爱他、关心他，那么对他而言就不是失败；当一个人每天睁开眼就开始勇敢地跟疾病抗争，那就不是懦弱，哪怕到最后他并没有成功。

永远不单纯地认为接受心理治疗是解决精神疾病的唯一

手段。给自己一个机会，判断你在道义上是否有义务报警。你可能会认为自己陷入了无边的谜团，但实际上，有些解决方案本来就不存在，有些问题本来就无解。然而，无助感永远也不能阻止你为摆脱困境而寻找答案的决心，哪怕你并没有找到自己满意的答案。

快速诊断

无法实现的愿望：

- 当讲道理行不通时，有能力通过恐吓让别人做必须要做的事；
- 如果他们勉强同意尝试，你可以保证治疗有效；
- 如果他不寻求帮助，你能够摆脱对未知的恐惧；
- 即便说了一些他不乐意听的话，他还是相信你。

切实可行的目标：

- 相信自己对别人治疗策略的评估；
- 劝说别人做出质量更高的决策，而又不会让他们变得消极；
- 当你觉得有必要时，请警察和医生做决定。

可以采取的办法：

- 问问他是否有自杀、放弃、杀人或觅食的欲望；
- 让别人好好想想接受治疗将获得什么益处；
- 根据过去的治疗信息来决定这次的治疗是否需要创新；
- 警告对方，抑郁症可能会让他消极地看待治疗；
- 如果你认为某人有可能会带来危险，那就请专业人员来处理。

你的脚本

对一个既痛苦又拒绝接受治疗的人，你可能会说……

亲爱的：

我讨厌看到你______（抑郁、酗酒、无精打采），我希望看到你______（得到帮助、吃药、接受治疗、有更好的态度），但我知道你不会。根据我对你过去治疗的了解，有些治疗______（可能还是管用的、完全没效果、不会造成伤害），仔细考虑收益—风险比后，你______（确实应该、不应该、可以）试一试。我会尊重你需要克服很多困难的事实，但是如果你不为自己寻求更多帮助的话,那我 ______（不会再多嘴了、会怀疑你有没有能力应对自如、会选择报警）。

如果你将治疗和痊愈的关联性看得太重，那么当治疗效果不佳时，你注定会心灰意冷。如果你能弄懂自己接受的治疗的各种信息，比如：它一般会有什么效果？有什么缺陷？谁能执行？那你就会发现自己可以更好地利用治疗。

后 记

怎么着，来咬我啊

——贝内特医生

最后我要说的是，根本就没有什么完美方法能确保你找到既专业又善于倾听的医生。就我个人而言，我在找心理医生时主要评判他是否具备这两种品质：一是幽默感，考虑到我前面行文的语气，要求医生有幽默感似乎难以置信；二是谦逊。

如果你能接受人生的苦难不可控制，那么你的医生肯定也可以。但是，有些医生可能会表现得很狂妄，以至于根本就无法理解有时候我们只不过是一颗被命运摆弄的棋子。

尽管我在哈佛大学获得了双学位，生活在很有爱的家庭，对工作也很满意，但我的生活也有很多不如意。我承认，在大学里我经常都要非常努力才能赶得上同学，而在我刚满四十岁不久，父亲就去世了。从我高中时代开始，他就得了老年痴呆。多年来，父亲一直是家里的顶梁柱，聪明而冷静，但是他的痴呆症，加上一次意外受伤，毁掉了母亲的音乐生涯，而且将他们原本非常理想的婚姻变成了悲剧。

现在我知道了，没有什么办法可以帮助他们，因为很多人都已经试过了，当然包括姐姐和我（这种家庭出来的孩子通常都想当心理医生）。很多年来，我一直在苦苦寻找适当的治疗方法，能缓解他们的痛苦。最终，当我意识到自己无能为力时，我开始对他们真正取得的成就赞叹不已。

在以往发生的冲突中，我父亲从来没有发过脾气，而母亲也没有抛弃过她的家人，尽管她经常觉得沮丧且愤怒，不幸从来没让他们忘记最重要的事。我很敬仰他们，也充分意识到生活是多么的不公平。

本书其实并不算完整，除非让你们知道，这事我已经跟父母讲清楚了——我跟你们一样，也很容易陷入愚蠢的痴心妄想中，也经常因为自己有各种各样的情感和行为障碍而感到羞愧。当跟你们说话时，我喜欢用一种严厉、居高临下的口吻，因为我非常享受这种高高在上的感觉。跟所有人一样，我也被生活嘲弄，但我非常自豪。

所以不管你的计划是什么，不管你想看哪个心理医生，也不管你是否打算去看医生，你都要记住，世上本来就没有什么“公平”可言。情绪都很愚蠢，生活本来就很艰辛……哪怕你不开心，你还是没什么大碍，因为有切实可行的目标，为实现那些目标所做的努力会让你引以为傲。当生活再次对你不公时，你就可以对它嗤之以鼻了。每个人都会被生活嘲弄，哪怕是哈佛毕业的高材生。

中资海派出品

为精英阅读而努力

[美] 科丽·科歌昂
布瑞克·英格兰
朱莉·施密特 著
易文波 译

中资海派出品
定　价：49.80 元

“分心时代”，如何在 8 秒内迅速黏住听众的注意力？

这是一个喧嚣的时代，更是一个需要在喧嚣中清晰表达的时代。在这样的时代里，你应该如何高效传递理念、阐述优势，激发上司、下属、客户的行动力，获得竞争优势？

从头等大事讲起：忙碌的人只想知道你说的是什么，而且想立即知道答案。

警惕专家综合征：如果你的听众流露出呆滞的神情，那么真正愚蠢的那个人其实是你自己。

双赢式目标陈述：用“你”替代“我”，把听众变成故事的核心角色。

预设听众的提问：任何一场演示都隐含着一个巨大的“那又怎样”问题，你的职责就是快速给出解答。

控制时长：演示既要长得足够严肃，又短得刚好能维持从听众那里吸引来的注意力。

设计具有冲击力的视觉元素：一图胜千言。

……

从内容、工具到技巧、肢体、形象，全面解析商务演示“3D 法则”
《财富》500 强超过 80% 企业都在学习、应用的沟通与说服实训手册

“iHappy书友会”会员申请表

姓　名（以身份证为准）：______________；性　别：______________；

年　龄：______________；职　业：______________；

手机号码：______________；E-mail：______________；

邮寄地址：______________；邮政编码：______________；

微信账号：______________（选填）

请严格按上述格式将相关信息发邮件至中资海派“iHappy书友会”会员服务部。

邮　箱：szmiss@126.com

微信联系方式：请扫描二维码或查找zzhpszpublishing关注“中资海派图书”

<table>
<tr><td rowspan="8">优
惠
订
购</td><td colspan="2">订阅人</td><td></td><td>部　门</td><td></td><td>单位名称</td><td colspan="2"></td></tr>
<tr><td colspan="2">地　址</td><td colspan="6"></td></tr>
<tr><td colspan="2">电　话</td><td colspan="3"></td><td>传　真</td><td colspan="2"></td></tr>
<tr><td colspan="2">电子邮箱</td><td colspan="2"></td><td>公司网址</td><td></td><td>邮　编</td><td></td></tr>
<tr><td>订购书目</td><td colspan="7"></td></tr>
<tr><td rowspan="2">付款方式</td><td>邮局汇款</td><td colspan="6">中资海派商务管理(深圳)有限公司
中国深圳银湖路中国脑库A栋四楼　　邮编：518029</td></tr>
<tr><td>银行电汇
或转账</td><td colspan="6">户　名：中资海派商务管理(深圳)有限公司
开户行：招行深圳科苑支行
账　号：81 5781 4257 1000 1
交通银行卡户名：桂林　　卡　号：622260 1310006 765820</td></tr>
<tr><td>附注</td><td colspan="7">1. 请将订阅单连同汇款单影印件传真或邮寄，以凭办理。
2. 订阅单请用正楷填写清楚，以便以最快方式送达。
3. 咨询热线：0755-25970306转158、168　传　真：0755-25970309转825
E-mail: szmiss@126.com</td></tr>
</table>

→利用本订购单订购一律享受九折特价优惠。

→团购30本以上八五折优惠。